AF198785

Erfolgsmodell
Homeoffice

Alexander Glöckler (Hg.)

Alexander Glöckler (Hg.)
Volker Rozek
Sven Wiesrecker
Anna Stempel-Romano
Marco Romano
Brigitte Kälin

Erfolgsmodell
Homeoffice

Von Anwendern – für Anwender:
Expertenwissen für Führungskräfte

Bibliografische Information der Deutschen Nationalbibliothek: Die Deutsche Nationalbibliothek verzeichnet diese Publikation in der Deutschen Nationalbibliothek; detaillierte bibliografische Daten sind im Internet unter http://dnb.dnb.de abrufbar.

© 2020. Glöckler Besitzgesellschaft mbH
Alexander Glöckler, Trossingen

Originalausgabe, 1. Auflage 2020

Autoren:
Volker Rozek, Sven Wiesrecker, Alexander Glöckler,
Anna Stempel-Romano, Marco Romano, Brigitte Kälin

Umschlaggestaltung, Satz:
Stefanie Elsner, graphik-pool, Spaichingen

Lektorat, Korrektorat:
Sabine Frigge. Die Ghostwriterin, Eichstetten

Herstellung und Verlag:
BoD – Books on Demand, Norderstedt
ISBN 9783751998192

Inhalt

Homeoffice hat Zukunft!

Es ist noch nicht lange her, da lag Deutschland bei der Homeoffice-Nutzung deutlich unter dem europäischen Durchschnitt. Dann kam Corona und führte zu einem regelrechten Homeoffice-Boom: Drei Viertel der deutschen Unternehmen schickten Teile ihrer Belegschaft während der Krise 2020 ins Homeoffice. War das nur ein kurzzeitiger Trend? Oder ist Homeoffice ein Konzept für die Zukunft? Aller Voraussicht nach letzteres: Eine Studie des Münchner Ifo-Instituts kam im Juli 2020 zu dem Ergebnis, dass mehr als jedes zweite Unternehmen seine Beschäftigten auch weiterhin von zu Hause arbeiten lassen will.[1] Homeoffice wird sich also weiter etablieren und wird immer häufiger von Arbeitnehmern[2] auch gewünscht und nachgefragt werden. Ohne dieses Angebot für ihre Angestellten werden es Unternehmen zukünftig sehr viel schwerer haben, auf dem Markt zu bestehen.

Corona hat gezeigt, dass Homeoffice grundsätzlich funktioniert, gleichzeitig hat die Krise aber auch offenbart, dass es diesbezüglich noch viele offene Fragen und Herausforderungen gibt. Vor allem für Führungskräfte, die das Arbeitsmodell nicht nur einführen, sondern auch erfolgreich und vor allem dauerhaft implementieren sollen.

Unter welchen Bedingungen ist Homeoffice erfolgreich? Was gilt es in organisatorischer und technischer Hinsicht zu berücksichtigen? Welche Parameter müssen Unternehmen hinsichtlich der Arbeitssicherheit beachten? Was sagt die Rechtsprechung und welche Besonderheiten finden sich in den entsprechenden Gesetzen? Wie gelingt es Führungskräften ihr Team bzw. einzelne Mitarbeiter auch aus der Entfernung heraus erfolgreich zu motivieren und zu führen? Wie sieht es mit den gesundheitlichen Aspekten im Homeoffice aus? Diese und weitere wichtige Fragen beantworten die sechs Autoren dieses Buches – alle sind langjährig erfahrene und

---

[1] https://www.ifo.de/DocDL/sd-2020-07-alipour-falck-schueller-homeoffice.pdf
(zuletzt geprüft am 13.8.2020)
[2] Im gesamten Text wird grundsätzlich auf das Gendern verzichtet. Dies stellt keine Diskriminierung dar, sondern dient der verbesserten Lesbarkeit.

ausgewiesene Experten ihres Fachs. Und alle sind selbst Praktiker. Deshalb finden sich in den Beiträgen auch immer wieder entsprechende Hinweise und Tipps zur direkten Umsetzung im Unternehmen. Genau in dieser Kombination wird dann aus dem Arbeitsmodell Homeoffice ein „Erfolgsmodell Homeoffice"!

Eine interessante Lektüre wünscht Ihnen

Ihr
Autorenteam

Vorwort

Lieber Leser,
Homeoffice - ein Wort wie Donnerhall. Kaum ein Konzept hat in den letzten Jahren die Gemüter so erhitzt. Für die einen ist Homeoffice der langersehnte Traum einer modernen Arbeitswelt, die ohne Pendlerstau ein selbstverantwortliches Arbeiten in vertrauter Umgebung möglich macht und so endlich die harmonische Versöhnung von Berufs- und Privatleben durch moderne Technologie und andere Arbeitsformen bewirkt.

Für die anderen ist Homeoffice die organisierte Anarchie, in der Mitarbeiter sich schrittweise von Team und Unternehmen lösen und als unproduktive Satelliten in fernen Umlaufbahnen langsam verloren gehen. Die einen loben die Transparenz und Effizienz, die durch neue Tools wie etwa MS-Teams, Trello, Slack, Zoom, WebEx und einer anschwellenden Zahl von immer neuen Systemen entstehen kann.

Die anderen befürchten, dass wir uns mit Tools statt mit Problemen beschäftigen, sehen den Verlust der persönlichen Begegnung als Hindernis für Kreativität und spontane Innovationen und wissen nicht, wie das offene und zwanglose Gespräch in Kaffeepausen und in der Kantine digital simuliert werden könnte. Corona hat in einem weltweiten Schock-Experiment gezeigt, dass technisch und organisatorisch viel mehr geht, als wir alle zuvor geglaubt hätten. Die Praxis hat genauso gezeigt, dass „Online" eine klug eingesetzte Methode und keine Ideologie sein darf, wenn wir tatsächlich vorwärtskommen wollen. Klar ist auch: Nicht alle haben ein passendes Homeoffice zur Verfügung, nicht jeder Mensch ist persönlich gleichermaßen für die Arbeit ohne Büro im Unternehmen geeignet. Und natürlich kann nicht jede Aufgabe allein mit dem PC gelöst werden. Ein Recht auf Homeoffice für Arbeitnehmer ist deshalb barer Unsinn.

Klar ist auch, dass man Homeoffice oder „remotes Arbeiten", wie man es besser nennen sollte, richtig machen muss. Es gibt viele Fallstricke – von IT, Organisation bis Führung und Arbeitssicherheit reichen die Themen. Dieses Buch – geschrieben von Praktikern für Praktiker – hilft dabei, wie jedes Unternehmen seinen Weg finden kann. Die Zukunft von Homeoffice hat gerade erst begonnen.

Dr. Christoph Münzer
Hauptgeschäftsführer wvib Schwarzwald AG

Erst das „wozu" – dann das „wie"

Ein erfolgreiches Homeoffice-Projekt beginnt im Kopf

Über den Autor

Volker Rozek

Volker Rozek blickt auf drei Dekaden Erfahrung im internationalen Umfeld der Automobilzuliefererindustrie zurück. Dort war er in Produktion und Projektmanagement in leitenden Positionen erfolgreich tätig. Er ist Experte für Projektmanagement und Prozessoptimierungen.

[Kontaktdaten]

Volker Rozek
Rozek Consulting
Dingelstädter Straße 29 | 37308 Heilbad Heiligenstadt | T 0175/66 96 224
volker.rozek@rozek-consulting.de | www.rozek-consulting.de

Erst das „wozu" – dann das „wie"

Ein erfolgreiches Homeoffice-Projekt
beginnt im Kopf

In Unternehmen, die sich auf dem Markt behaupten, gehören pro-
fessionelle Arbeitsbedingungen für Teams und Mitarbeiter unab-
dingbar zur Erfolgsstrategie. Gilt das auch für das Arbeiten im
Homeoffice? Ja – sogar noch mehr! Warum das so ist und wie Sie
als Unternehmer und Führungskraft Homeoffice-Modelle organisatorisch sowie technisch mit Erfolg etablieren, erfahren Sie in
diesem Beitrag.

Keine hochwertigen Ergebnisse ohne professionelle Arbeitsbedingungen

Arbeit im Homeoffice – mit Anspruch an hochwertige Ergebnisse –
ist professionell zu organisieren. Ob Homeoffice-Modelle ange-
sichts von Krisen oder durch Engpässe oder deshalb eingeführt
werden, weil neue Arbeitsmodelle etabliert werden sollen, spielt
dabei keine Rolle.

Für die Planung hingegen macht es einen erheblichen Unterschied,
* ob ein Wechseln vom Betrieb ins Homeoffice erfolgt (Variante 1),
* oder ob das Homeoffice die Einstellungsvoraussetzung für neue
  Mitarbeiter ist (Variante 2).

Das Ergebnis soll und muss effektives Arbeiten im privaten Umfeld
bedeuten. Doch die Vorbereitungen dazu unterscheiden sich deutlich, deshalb erfolgt in diesem Beitrag hierzu eine Differenzierung.
Damit Homeoffice ohne Reibungsverluste startet und auf Dauer gut
funktioniert, empfiehlt es sich, dieses Vorhaben als ein vierstufiges
Projekt mit diesen Phasen zu realisieren:
1. Umfassende Vorbereitung
2. Klären der Voraussetzungen
3. Erstellen eines detaillierten Plans
4. Gewissenhafte Umsetzung

Werfen wir einen ausführlichen Blick auf die vier Phasen.

1. Die umfassende Vorbereitung

Auch wenn es „nur" darum geht, die betriebliche Anwesenheit mit den damit verbundenen Aufgaben zu verlagern, liegt ein vollwertiges Projekt vor. Die entsprechende DIN 69901 nennt als Kriterien:

• Aufsetzen einer Projekt-Organisation (einschließlich Leitung mit der erforderlichen Aufbau- und Ablauforganisation)
• Vorgeben eindeutiger Ziele
• Bestimmen der Projektdauer mit definiertem Start- und Endpunkt
• Bereitstellen der erforderlichen Ressourcen (Budget, Personal, Infrastruktur und Rahmenorganisation)
• Hervorheben der Neuartigkeit und Einmaligkeit
• Berücksichtigung der zu erwartenden Komplexität (Diese ist im Handeln der Akteure einschließlich der Stakeholder zu finden, und weniger in der Technik beziehungsweise in der Organisation zu erwarten – siehe unten).

Eine solide Projektstruktur vermittelt dem Team die notwendige Orientierung sowie Transparenz.

Variante 1: Verlagern bestehender Aufgaben aus dem Betrieb in das private Umfeld

Was bedeutet diese Maßnahme für die direkt betroffenen Mitarbeiter? Bei Variante 1 verlassen Mitarbeiter ihr gewohntes betriebliches Umfeld, um anschließend in einem anderen zu arbeiten. Diese Veränderungen greifen erheblich in die bislang praktizierten Routinen und Gewohnheiten ein. Bewertungen in positiv oder negativ, gut oder schlecht, zum Vorteil oder zum Nachteil sind im Rahmen der Vorbereitung nicht relevant. Es gilt, pragmatisch vielerlei Interessen zu berücksichtigen und diese in für alle Parteien tragbare Lösungen zu transformieren. In dieser Phase geht es darum, die Menschen zu motivieren, sie abzuholen und anschließend gemeinsam mit ihnen die nachfolgenden Prozessschritte zu entwickeln. Wenn Maßnahmen das Verhalten von Menschen verändern sollen, spricht man von Veränderungsmanagement beziehungsweise von Changemanagement.[3] Diese Situation ist bei dieser Variante gegeben und verdient besondere Beachtung.

Wie man Menschen in Veränderungsprozessen mitnimmt

In einem Veränderungsprozess ist es wichtig, bestimmte Regeln zu beachten, um die nächsten Schritte in erfolgreiche Bahnen zu lenken. Werden diese Faktoren ignoriert, ist damit zu rechnen, dass dem Vorhaben mit Misstrauen, Angst, Widerwillen und Blockaden begegnet wird. Das Verweigern der Akzeptanz kann zum Scheitern des Projekts führen. Legen wir also im Folgenden einen besonderen Fokus auf die Regeln und Abläufe.[4]

Die wenigsten Menschen sehen in Veränderungen neue Chancen und gehen diese intrinsisch motiviert sowie proaktiv an. Bei den meisten rufen anstehende Neuerungen Abwehrreaktionen hervor. Diese liegen in Unsicherheiten, Abneigung gegen Neues, Ängsten, Befindlichkeiten, Statusdenken und Besitzstandswahrung begründet – um nur einige zu nennen.

[3] Jenny, Bruno: Projektmanagement: Das Wissen für den Profi. 3. Auflage. Zürich. 2014.
[4] Timinger, Holger: Wiley-Schnellkurs Projektmanagement. 1. Auflage. Weinheim. 2015.

Die folgende Grafik zeigt, welche Empfindungen während des Projekts bei den Betroffenen auftreten können:

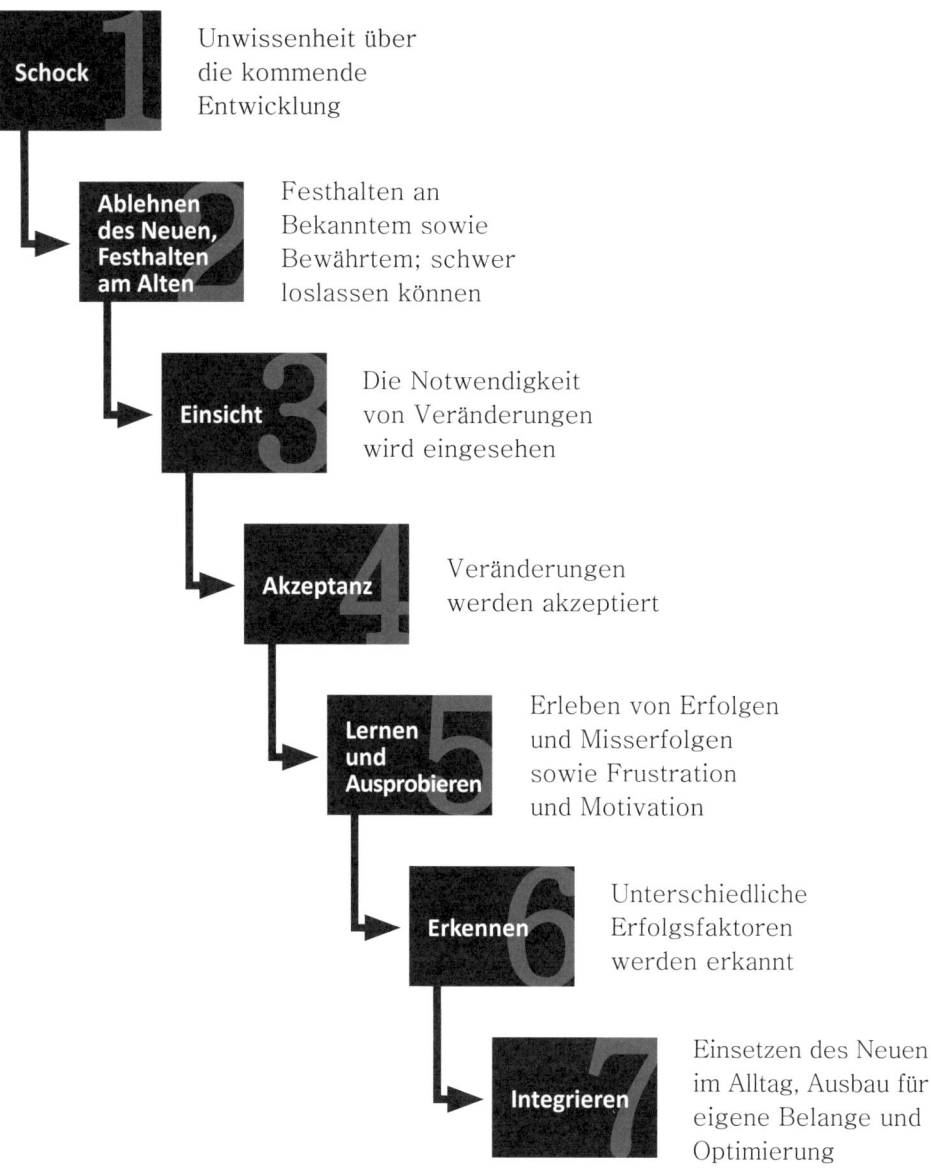

Schock

Unwissenheit über die kommende Entwicklung

Ablehnen des Neuen, Festhalten am Alten

Festhalten an Bekanntem sowie Bewährtem; schwer loslassen können

Einsicht

Die Notwendigkeit von Veränderungen wird eingesehen

Akzeptanz

Veränderungen werden akzeptiert

Lernen und Ausprobieren

Erleben von Erfolgen und Misserfolgen sowie Frustration und Motivation

Erkennen

Unterschiedliche Erfolgsfaktoren werden erkannt

Integrieren

Einsetzen des Neuen im Alltag, Ausbau für eigene Belange und Optimierung

Diese sieben Entwicklungsphasen des Veränderungsprozesses beziehen sich auf die Kompetenz, die wir selbst empfinden. Aus nachvollziehbaren Gründen verläuft dieser Prozess in Wellenform: Bisherige, gut bekannte Gewohnheiten der Komfortzone müssen aufgeben werden und so ist der Weg zum Ziel häufig ein anspruchsvoller Lernprozess unter schwierigen Bedingungen. Das Wiederlangen des ursprünglichen (oder sogar eines noch ausgeprägteren) Kompetenzgefühls wird durch belastende Emotionen zusätzlich erschwert.

Wie gelingt es am besten, die Mitarbeiter in einem Veränderungsprozess mitzunehmen?

Betrachten Sie das Unterfangen umfassend, indem Sie die Menschen, Strukturen und die umgebenden Aspekte einbeziehen. Bedenken Sie dabei, dass der Kreis der beteiligten Personen über denjenigen hinausgeht, der in das Homeoffice wechseln soll. Der Fach- und Sammelbegriff für die Personen oder Gruppen, die ihre eigenen Interessen vertreten, lautet Stakeholder. (Die Erfahrung zeigt, dass der Begriff Stakeholder negativ besetzt ist – diese Betrachtung ist jedoch nicht zielführend.)

In dem hier beschriebenen Zusammenhang kommen die Stakeholder

- aus dem betrieblichen Bereich (Betriebsrat, Leiter und/oder Mitarbeiter benachbarter Abteilungen, Arbeitsschutz, Gewerkschaft, Management, Leiter und/oder Mitarbeiter der betroffenen Bereiche, Datensicherheitsexperten, IT, …)
- aus dem privaten Umfeld der Mitarbeiter (Ehepartner, Kinder, weitere Personen, die im Haushalt leben, Steuerberater, …)
- aus externen Geschäftskontakten (Kunden, Lieferanten, Behörden, Dienstleister, …)

Das Auflisten der Stakeholder stellt bereits den ersten Teil der notwendigen Analyse dar. Für den weiteren zielgerichteten Umgang haben wir eine Tabelle [siehe Seiten 18/19] entwickelt.

Projektverantwortliche sollten sich Gedanken darüber machen, ob die Stakeholder dem Projekt positiv, negativ oder neutral gegenüberstehen und welchen Einfluss sie aufgrund ihrer Machtposition auf das Projekt ausüben. Dieser Einfluss kann je nach Konstellation nicht vorhanden sein, schwach, mittel oder groß sein. Möglicherweise bringt ein Stakeholder mit großem Einfluss, der dem

Vorhaben zudem noch positiv gegenübersteht, das Projekt signifikant nach vorn. Es ist fatal, wenn die Projektleitung diesen Sachverhalt nicht kennt. Das gleiche gilt natürlich für den umgekehrten Fall.

Die ausgefüllte Tabelle verdeutlicht, welches Verhalten von den Stakeholdern zu erwarten ist beziehungsweise tatsächlich vorliegt. Das Stakeholdermanagement übernimmt anschließend die Aufgabe, ob und wie die Stakeholder eingebunden und informiert werden. Da sich Interessenslagen verändern, ist das Stakeholdermanagement ein dynamischer Prozess, der das Projekt von Anfang bis Ende begleitet.

Beachten Sie, dass außer der Verlagerung des Arbeitsplatzes möglicherweise alles andere beim Alten bleibt. Die Mitarbeiter, die ins Homeoffice gehen, haben aber möglicherweise Schnittstellenposition ausgefüllt. Diese nahmen sie durch Ad-hoc-Meetings, persönliche Besprechungen innerhalb des Betriebes, während der Fahrgemeinschaft oder in der Kantine wahr. Durch das Umsiedeln ins Homeoffice entfallen diese direkten sozialen Interaktionen mit den anderen. Dadurch werden konsequenterweise diejenigen Mitarbeiter beeinflusst, die in der gewohnten Umgebung verbleiben.

Zielfindung, Kommunikation und Kaskadierung

Zielformulierungen erfordern Klarheit und Transparenz. Fehlen diese, verlieren die Menschen, die an den Zielen arbeiten, die Fokussierung. Diesen Kriterien sollten Zielformulierungen stets entsprechen, sie sind
- spezifisch,
- messbar,
- attraktiv,
- realistisch,
- mit terminlichen Vorgaben versehen,
- sie benennen Zielkonflikte und vermeiden in diesem frühen Stadium die Benennung von Lösungen.

Obwohl bei Homeoffice-Projekten eigentlich klar ist, worum es geht, benötigen Sie „kreativen Spielraum" für die Sonderfälle, in denen sich das Ziel Homeoffice gar nicht oder nur teilweise realisieren lässt.

Beschrei-bung	Klima	Erwartungen		Macht		Erwartbare +/- Potentiale	
				keine 0 schwach 1 mittel 2 groß 3		keine 0 schwach 1 mittel 2 groß 3	
	positiv + neutral 0 negativ -	Vom Projekt an Stake-holder	Vom Stakeholder an das Projekt	Faktor	Bemerkung	Faktor	Bemerkung
Leitet Abteilung eines benach-barten Ressorts	-	Not-wendigkeit der Maßnahme einsehen	Projekt-abbruch! Alles soll bleiben wie es ist	2	Nutzt Einfluss auf die GF aus	2	Das Projekt beeinflusst den Ablauf in anderen Abteilung ⇒ Berechtigter Einwand, der im Projekt berück-sichtigt wird
GF	+	Unter-stützen des Projekts	Zeitnahe und pro-fessionelle Umsetzung	3	Eigentümer des Unterneh-mens	3	Entlasten der beengten Räumlich-keiten (Starkes Wachstum in den letzten 3 Quartalen)
MA der Abteilung	0	Unter-stützen des Projekts	Dass das Projekt auf die kommuni-zierten Probleme eingeht, und an Lösungen arbeitet	1	Mitarbeiter ist neu in der Firma	1	MA hat daheim derzeit nicht den Raum verfügbar, in dem von zu Hause aus gearbeitet werden kann

Positiv/ Negativ				
-1 1				

Faktor	Bewer-tung	Geplante Maßnahmen	Kommunikation	Verantwortlich
-1	-4	Offene Aussprache im Management ⇒ klare Entscheidung Andere Abteilungen auf dem Laufenden halten Sinnvolle Ideen und Vorschläge aufgreifen und umsetzen Wo möglich Kritik als Anregung verstehen und an Lösungen arbeiten	Einladen zu den regelmäßigen Statusmeldungen	Projektleiter
1	9	10 Minuten Reports zum jeweiligen Tagesabschluss Unmittelbares Melden von Problemen einschl. Lösungsvorschlägen dazu	Regelmäßige Statusmeldungen mit festgeschriebener Agenda	Projektleiter
1	1	MA verbleibt im Büro Aufsicht in Absprache an benachbarte Abteilung delegiert Aufbau einer Pool-Lösung für andere, vergleichbare Situationen MA bekommt zusätzliche Koordinierungs- & Unterstützungsaufgaben	Keine Besonderen: MA ist nach wie vor als Teil des Teams umfänglich und verantwortlich eingebunden	Projektleiter

Striktes Vorformulieren verbaut Ihnen den Zugang zu wertvollen Alternativen. Sprechen Sie die Ziele außerdem klar auf Managementebene aus und kaskadieren Sie diese verständlich auf die Projektbeteiligten herunter.

Formulieren Sie deutlich das „Wozu?" und das „Wie?" und machen Sie damit das Projekt für Ihre Mitarbeiter begreifbar. Mit dieser Transparenz bauen Sie mögliche Ängste und Widerstände auf Seiten Ihrer Mitarbeiter ab oder Sie minimieren sie. Nichttransparente Kommunikation fördert das Entstehen von Sorgen und Befürchtungen bei den Mitarbeitern. Sie ist der Nährboden für Gerüchte und übelwollenden Flurfunk.

Auswahl der Projektmitarbeiter

Wählen Sie die Schlüsselpersonen und Meinungsbildner sorgfältig aus. Die Auswahl dieser Personen erfolgt zu einem möglichst frühen Zeitpunkt. Lassen Sie es zu, dass gerade diese Mitarbeiter ihre guten Ideen und Vorschläge einbringen. Damit gewinnen Sie diese als Multiplikatoren für Ihr Projekt und damit werden sich diese mit der Aufgabe identifizieren und „ihr" Projekt innerhalb des Unternehmens positiv vorantreiben.

Aus Betroffenen Beteiligte machen

Machen Sie aus Betroffenen Beteiligte. Veränderungsprojekte stehen und fallen damit, ob die Mitarbeiter die anstehenden Veränderungen akzeptieren und damit den erforderlichen Prozess tatkräftig unterstützen. Diese wissen am besten, wie der jetzige Ablauf funktioniert – und was zu tun ist, damit der geplante Ablauf ebenfalls gute Ergebnisse produziert. Damit erreichen Sie, dass sich die eingebundenen Personen stärker engagieren und damit aktiver am Projekt beteiligen. Wenn es Ihnen gelingt, dass sich die Betroffenen mit den Projektinhalten identifizieren, gewinnen Sie wichtige Mitdenker und Unterstützer.

Zielgruppenspezifische Lösungen und Kommunikation

Entwickeln Sie zielgruppenspezifische Maßnahmen. Vermutlich werden einige Mitarbeiter aus nachvollziehbaren Gründen nicht zu Hause arbeiten können. Für diese Gruppe müssen Lösungen erarbeitet werden, die die ganze Gruppe unterstützt und trägt. Kommunizieren Sie rechtzeitig, umfassend und überzeugend auf allen involvierten Ebenen. Sorgen Sie im regelmäßigen Dialog mit den Mitarbeitern für Transparenz und Nachvollziehbarkeit.

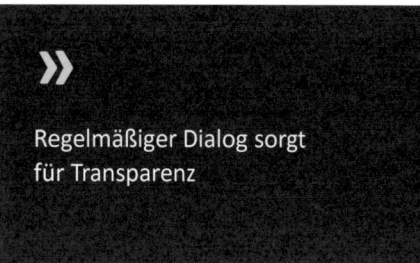

Regelmäßiger Dialog sorgt für Transparenz

Projektmanagement, Retrospektive und Feedback

Wählen Sie einen erfahrenen Projektmanager aus, der sich im Konfliktmanagement und dem Umgang mit gruppendynamischen Effekten bereits bewährt hat.
Greifen Sie alle Aspekte, die an Sie herangetragen werden, gewissenhaft und ernsthaft auf. Da diese sehr zahlreich sein können und entsprechend viele Positionen beinhalten, schlagen wir für die optimale Strukturierung die Methode „Six Thinking Hats" vor, auf die wir hier aber nicht näher eingehen können.[5]

Variante 2: Ein neuer Mitarbeiter wird unter der Prämisse des Homeoffice eingestellt

Die vorherigen Ausführungen zum Changemanagement kommen in Variante 2 nicht zur Anwendung. Es wird in diesem Fall davon ausgegangen, dass das Arbeiten im Homeoffice Einstellungsvorrausetzung ist. Trotzdem sind die Voraussetzungen zu prüfen und im Bedarfsfall zu schaffen oder zu ergänzen. Ebenso müssen die Erwartungen an die zu leistenden Ergebnisse sowie die organisatorischen Randbedingungen bekannt sein oder vereinbart werden.

---

[5] https://www.projektmagazin.de/methoden/six-thinking-hats (zuletzt geprüft am 7.7.2020)

Neben der eigentlichen Tätigkeit ist das Onboarding unter Homeoffice-Bedingungen ein wichtiger Aspekt. Weitere Infos und Hinweise dazu finden Sie im Artikel „So gelingt Führung auf Distanz" von Marco Romano und Anna Stempel-Romano.

2. Das Klären der Vorrausetzungen

Planen und verabreden Sie den zu leistenden Umfang, den Sie von der häuslichen Arbeit erwarten. Der Anspruch ist, dass die daheim erzielten Ergebnisse gleichwertig mit denen sind, die im betrieblichen Umfeld erzielt werden können. Arbeiten Sie im Vorfeld heraus, ob diese erreicht werden können oder ob mit Einschränkungen zu rechnen ist.

Menschen haben sehr unterschiedliche Vorstellungen von Qualität. Deshalb hilft eine „Definition of Done" mit vorher vereinbarten Kriterien und dem Commitment des gesamten Teams dabei, ein gemeinsames Verständnis dafür zu erwerben, wann ein Projekt tatsächlich als erledigt betrachtet werden kann. Fatal ist es, wenn im Lauf der Homeoffice-Aktivitäten erkannt wird, dass die Ergebnisse nicht mit den gestellten Erwartungen übereinstimmen.

3. Erstellen eines detaillierten Plans

Wenn die oben genannten Punkte geklärt sind, beginnt die Organisation rund um den Homeoffice-Arbeitsplatz. Beachten Sie hierzu bitte auch die detaillierten Ausführungen im Artikel „Besser zweimal hinschauen" von Alexander Glöckler aus dem Bereich Arbeitssicherheit sowie im Beitrag „Aus den Augen aus dem Sinn?" von Sven Wiesrecker zu wichtigen juristischen Fragestellungen.

Hier eine Punkt-für-Punkt-Auflistung der zu klärenden Aspekte:

Büro, Arbeitszimmer und Umfeld

Gibt es im Homeoffice geeignete Räumlichkeiten, die konzentriertes Arbeiten zulassen?

Dieser Punkt ist ein wesentlicher Erfolgsfaktor. Wenn es diesen Raum nicht gibt und wenn er nicht geschaffen werden kann, dann fehlt die Grundvoraussetzung für erfolgreiches Arbeiten im Homeoffice.

Lassen sich Arbeit und Familienbetrieb vereinbaren?

Dieser Aspekt erfordert offene und ehrliche Diskussionen zwischen den Parteien. Man kann zwar davon ausgehen, dass wenn ein Elternteil Zeit in der Firma verbringt, er diese genauso gut zu Hause für die Firma verbringen kann, aber das muss nicht automatisch gegeben sein. Kinder, pflegebedürftige Angehörige und/oder Haustiere möchten auf denjenigen der zu Hause ist, natürlich auch zugreifen.

Gibt es ein bereits eingerichtetes Arbeitszimmer, das benutzt werden kann?

Ein Arbeitszimmer bietet eine gute Grundlage dafür, um als Homeoffice im betrieblichen Sinne eingesetzt zu werden. Eine entsprechende schriftliche Vereinbarung ist dennoch erforderlich. Dazu gehört auch, das geklärt wird, ob der Mitarbeiter sein eigenes Arbeitszimmer für betriebliche Aufgaben benutzen möchte beziehungsweise kann.

Falls kein eingerichtetes Arbeitszimmer vorhanden ist, wohl aber Platz und Raum gegeben sind, sind die Kosten für die Einrichtung zu klären. Neben den anfallenden Kosten für die Ausstattung sind die anteiligen Ausgaben für Miete, Strom und Heizung zu berücksichtigen. Dazu gehören auch die steuerlichen Aspekte.

Sind die Arbeitszeiten geregelt?

Die Zeiterfassung erfolgt in den Betrieben auf sehr unterschiedliche Weise. Wie und ob diese bei Arbeiten im Homeoffice in der ursprünglichen Form aufrechterhalten werden kann, ist fraglich. Eine Anregung dazu ist, sich auf ein Modell zu verständigen, welches auf Vertrauen beruht.

Kommunikation und Technik

Wie sieht es mit der Erreichbarkeit im Homeoffice aus?
Die Bereitstellung eines Firmentelefons ist eine elegante Möglichkeit, die fernmündliche Kommunikation zu organisieren. Möglicherweise sind Alternativen wie die Voice-over-IP-Telefonie mit Hilfe von PC oder Laptop kostengünstiger.

Ist beides nicht realisierbar, so bleibt nur der Einsatz des privaten Telefons. Für diese, eigentlich schlechteste Lösung, sind entsprechende Regelungen zu finden – auch hinsichtlich der Kosten.

Wird ein firmeneigener Computer oder Laptop eingesetzt?
Beim Einsatz firmeneigener Hardware vereinbaren die Parteien, dass diese Geräte ausschließlich betrieblich eingesetzt werden. Bevor die Hardware in den Privathaushalt kommt, sollte diese eindeutig als Firmeneigentum gekennzeichnet werden.

Es ist noch ein weiterer Aspekt von Bedeutung: Es ist durchaus üblich und möglich, dass ein Mitarbeiter sporadisch oder regelmäßig mit diesem Gerät in den Betrieb muss. Um mögliche Diskussionen mit dem Werkschutz gar nicht aufkommen zu lassen, empfiehlt sich dringend eine Bescheinigung des Arbeitgebers, dass der Mitarbeiter dazu ausdrücklich befugt ist.

Sind Drucker, Scanner, Fax oder ein Multifunktionsgerät erforderlich?
Sollen Arbeitsergebnisse auch ausgedruckt werden, sollten im Homeoffice Geräte installiert werden, die dem Qualitätsanspruch des Unternehmens genügen. Auch hier ist eine Regelung über die Verbrauchskosten, wie beispielsweise Toner oder Tinte, zu treffen.

Ist die Netzgeschwindigkeit ausreichend?
Dieser Punkt ist besonders wichtig, wenn das Empfangen oder Versenden großer Datenvolumina erforderlich ist. Reicht die Netzgeschwindigkeit nicht aus, geht dies zulasten der gewünschten Effektivität.

Ist die Netzwerkverbindung abgesichert?
Sind sensible Daten zu verschicken, ist eine sichere Internet-Verbindung aufzubauen. Dann empfiehlt sich das Einrichten eines soli-

den VPN-Systems (Virtual Private Network), um die Ansprüche des Unternehmens an einen sicheren Datentransfer sicherzustellen.

Welche Software ist zur Erledigung der gestellten Aufgaben erforderlich?

Der Einsatz firmeninterner Softwarelösungen mit den entsprechenden Lizenzen ist eine übliche Vorgehensweise. Es gilt daher zu prüfen, inwieweit diese Lizenzen auf das Umfeld eines Homeoffice ausgeweitet werden können.

Sind Betriebssysteme, Browser, Anwendungsprogramme auf dem aktuellen Stand?

Die Sicherheit der IT hängt auch von der Aktualität der benutzten Software ab. Stellen Sie sicher, dass diese – im Betrieb üblichen Routinen – auch bei der externen Verwendung von Software angewendet wird. Beachten Sie in diesem Fall auch den Einsatz von Sicherheitssoftware für Firewalls, Antivirenprogramme oder auch das Verschlüsseln der Festplatte.

Wer ist für die Bereitstellung und die fortlaufende Betreuung von Technik und Infrastruktur verantwortlich?

Das Beheben möglicher Störungen erfolgt im Betrieb auf Zuruf beziehungsweise im Vorbeigehen durch die entsprechenden IT-Fachkräfte. Überprüfen Sie, wie oft dieser Service in der Vergangenheit erforderlich war. Bei einer Verlagerung von vorhandenem IT-Equipment wird sich am Steueranteil nichts verändern. Welche Verbesserungen müssen also vorher in das Equipment einfließen? Oder können Sie einen vergleichbaren Service auch für Ihre Mitarbeiter im Homeoffice sicherstellen? Helfen Schulungen, Ihre Mitarbeiter weiter zu qualifizieren, damit kleinere Störungen selbstständig behoben werden können? Haben Sie Notfallnummern oder Hotlines eingerichtet, die im Bedarfsfall angerufen werden können?

Sind die Unternehmensdaten sicher?

Laptops und PCs können zu Hause oder unterwegs beschädigt oder entwendet werden. Welche Vorkehrungen treffen Sie, um den Verlust von sensiblen Firmendaten, von Know-how und von Betriebsgeheimnissen zu verhindern? Denken Sie in diesem Zusammenhang auch an Schadsoftware und Cyberattacken auf Ihre Systeme. Kennen Ihre Mitarbeiter und Teams entsprechende Verhaltensregeln, Vorgaben und Anweisungen? Sind diese nicht nur bekannt, sondern auch geschult, verstanden und (schriftlich) vereinbart? Wer haftet für mögliche Datenverluste und durch welche Maßnahmen reduzieren Sie diese Risiken?

Online-Meetings und Teamwork

Mitarbeiter müssen auch im Homeoffice weiter unter- und miteinander kommunizieren können. Wichtige Details zu den zwischenmenschlichen Aspekten dieser besonderen Kommunikationsformen erfahren Sie im Artikel von Marco Romano und Anna Stempel-Romano. Im Folgenden geht es um die technischen Aspekte hierzu. Im One-to-One beschränkt sich die Kommunikation im Normalfall auf das Versenden und Empfangen von E-Mails sowie auf Telefonate. Viele Mitarbeiter arbeiten aber als Team in und an gemeinsamen Projekten. Dementsprechend benötigt man Systeme, die diese wesentlich anspruchsvollere Kommunikation wirkungsvoll unterstützen. Besprechungen, Gruppenarbeiten, das Lösen möglicher Herausforderungen, Abstimmungen und vielerlei weitere Tätigkeiten, finden nicht mehr im persönlichen Gespräch, sondern im virtuellen Raum statt. Ebenso müssen betriebsinterne Workflows und Arbeitsabläufe so effektiv wie nötig auch außerhalb des Betriebes ablaufen. Möglicherweise lassen sich betriebsinterne Tools und Prozesse auch außerhalb des Unternehmens anwenden. Bei den betriebsinternen Softwarelösungen sollten Sie prüfen, ob die vorhandenen Lizenzen ausreichen. Häufig gibt es eine begrenzte Anzahl von Lizenzen, die unter der Anzahl der Mitarbeiter liegt. Durch entsprechende Vorkehrungen wird im Betrieb sichergestellt, dass der gleichzeitige Zugriff auf diese Lizenzen limitiert wird. Lässt sich diese Vorgehensweise auch bei externen Prozessen aufrechterhalten? Eine vorzeitige Prüfung dieses Sachverhalts empfiehlt sich, da das Beschaffen zusätzlicher Lizenzen ein erheblicher Kostenfaktor sein kann.

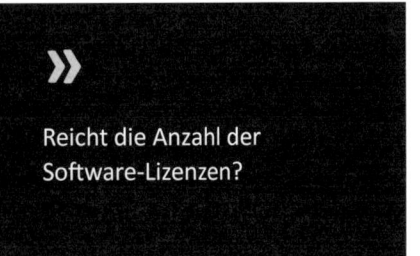

»

Reicht die Anzahl der Software-Lizenzen?

Liegen keine unternehmenseigenen Methoden vor, werden firmen-
fremde Systeme, wie zum Beispiel Microsoft Teams, Zoom, Trello,
Asana, Airtable[6], zur Anwendung kommen müssen. Bei externen
Systemen ist zu prüfen, ob diese den erforderlichen Sicherheitsan-
forderungen entsprechen.

Wichtig ist, dass die Anwender im Gebrauch dieser Systeme recht-
zeitig ausgebildet werden. Wenn die Mitarbeiter verspätet den
Umgang mit den Softwarelösungen erlernen, leidet zwangsläufig die
Produktivität des Teams.

Im betrieblichen Alltag bestimmen feste Abläufe und Routinen den
Tagesablauf. Sorgen Sie dafür, dass sinnvolle Routinen mit den entsprechenden Regeln und Vorgaben auch im Homeoffice angewendet
werden. Das sind zum Beispiel feste Regeltermine, vorgegebene
Tagesordnungspunkte aber auch wichtige Kontrollen wie das Erfüllen von Meilensteinen oder das Durchsprechen von Prüfungsergeb-
nissen.

Kostenkalkulation

Erstellen Sie, bevor es losgeht, eine Kalkulation damit Sie genau
wissen, welches Budget zur Verfügung gestellt werden muss. Möglicherweise sind aus Kostengründen eine oder zwei weitere Pla-
nungsschleifen zu durchlaufen, um einen akzeptablen Kostenrah-
men zu erhalten.

Zu diesem Zeitpunkt kann das Vorhaben aufgrund von Kosten
immer noch gestoppt werden, denn wir befinden uns noch in der
Planungsphase!

Wenn das Budget und die weiteren erforderlichen Mittel freigege-
ben worden sind, geht es an die Umsetzung. Diese startet damit,

- die genannten Punkte zu prüfen,
- bei Bedarf zu erweitern und zu bearbeiten
- und fehlendes Gerät einschließlich Hardware, Software und
  Lizenzen zu besorgen.

---

[6] Die Nennung dieser Firmen dient ausschließlich der Orientierung und soll Ihnen einen ersten
Anhaltspunkt geben. Es sind weder Präferenzen noch Empfehlungen seitens des Autors damit verbunden.

4. Gewissenhafte Umsetzung

Je sorgfältiger Sie geplant haben, desto reibungsloser läuft die Umsetzung. Sie kennen genau die Kosten, Sie wissen, was beschafft werden muss, Sie haben eine logische und sinnvolle Reihenfolge der Aktivitäten festgeschrieben und Sie haben Aufgaben delegiert. Das allerwichtigste jedoch ist, dass Sie Ihre Mitarbeiter motiviert und mitgenommen haben. Diese werden bei auftretenden Schwierigkeiten die Probleme selbstständig lösen oder Ihnen umsetzbare Lösungsvorschläge anbieten.

Nach der Einführung

Das Projekt Homeoffice endet für Sie als Führungskraft nicht, wenn sich Ihre Mitarbeiter im Homeoffice befinden. Es geht dann erst so richtig los, da sich das Projekt nach den genannten Phasen im operativen Geschäft bewähren muss. Neben den eigentlichen Arbeitsinhalten thematisieren Sie bei regelmäßigen Gesprächen mit Ihren Mitarbeitern am besten immer auch die gesammelten sowie die laufenden Erfahrungen:
- Was läuft gut? Was läuft schlecht?
- Welche Verbesserungen können noch erzielt werden?

Dokumentieren Sie die Inhalte und arbeiten Sie gemeinsam an den erforderlichen Optimierungen.

Nehmen Sie sich die Zeit für soziale Interaktionen – auch online oder via Telefon!

Würdigen und wertschätzen Sie die Bereitschaft der Mitarbeiter, die dem Homeoffice anfangs besonders kritisch gegenüberstanden.

Geben Sie sich und Ihren Mitarbeitern die Zeit, sich in den neuen Arbeitsbedingungen zurechtzufinden. Vertrauen war die Voraussetzung für einen erfolgreichen Start ins Homeoffice, es ist aber auch erforderlich, dieses auf Dauer gesehen beizubehalten.

Beachten Sie zudem, dass Sie als Vorgesetzter Fürsorgepflichten gegenüber den Ihnen anvertrauten Mitarbeitern haben. Da Sie im virtuellen Umfeld wenige bis keine nonverbalen beziehungsweise körpersprachlichen Signale empfangen können, ist die Führung der Mitarbeiter anders und anspruchsvoller als zuvor. (Hierzu sei noch einmal auf den Artikel von Marco Romano und Anna Stempel-Romano verwiesen.)

Überlegen Sie, inwiefern Sie Kunden, Lieferanten oder andere Geschäftspartner informieren. Falls der Mitarbeiter nicht alle Information zu Hause parat haben kann (zum Beispiel keinen Zugriff von außen auf firmeneigene Server) werben Sie für Verständnis, dass möglicherweise nicht alle Anliegen in der gewohnten Schnelligkeit und Ausführlichkeit erledigt werden können.

Es sind viele Dinge zu beachten. Wenn Sie in manchen Punkten die Expertise nicht haben, holen Sie sich externe Unterstützung. Sie scheuen den Aufwand und die Kosten? Fragen Sie sich, was es kosten würde, wenn Sie nicht fassbare Risiken eingehen.

Zusammenfassung

Arbeiten im Homeoffice ist eine überlegenswerte Alternative zu den herkömmlichen Arbeitsmodellen. Die Erfolgsfaktoren, um dieses Arbeitsmodell erfolgreich zu implementieren, sind: Gewissenhaftes Planen und konsequentes Umsetzen, Berücksichtigen weiterer Vorgaben und Einflussgrößen über den geschilderten organisatorischen und technischen Erfordernissen hinaus, das aktive Einbinden und Informieren der Mitarbeiter und relevanten Stakeholder sowie die Begleitung des Projekts nach dem Implementieren, um mögliche Anpassungen vorzunehmen.
Zu guter Letzt ist Homeoffice ein Arbeitsmodell, dessen Erfolg von der Disziplin und Akzeptanz der Mitarbeiter, aber auch vom Vertrauen der Vorgesetzten in die Mitarbeiter abhängt.

[Ganz persönlich]

Meine Erfahrung mit dem Homeoffice

Homeoffice ist das Arbeitsmodell, in dem ich mich als freiberuflicher Unternehmensentwickler und Podcaster seit vielen Jahren selbst bewege. Wie ich dabei erfolgreich agiere? Mit der entsprechenden Infrastruktur, passenden Räumlichkeiten und einem gehörigen Maß an Organisationsfähigkeit. Auch meine Tätigkeiten im Ausland waren häufig damit verbunden, im mobilen Umfeld effektiv tätig zu werden. Um an Videokonferenzen und Webmeetings teilzunehmen, aber auch um weitere Aufgaben in alles andere als dafür eingerichteten Hotelzimmern zu erledigen, war oft eines besonders wichtig: Improvisationstalent!

Volker Rozek

Aus den Augen aus dem Sinn?

Arbeitsrecht und Datenschutz im Homeoffice:
Die Gesetze, ihre Bedeutung und Umsetzung

Über den Autor

Sven Wiesrecker

Sven Wiesrecker, geboren in Berlin, ist seit 1998 selbstständiger Rechtsanwalt in der Kanzlei Schubien + Wiesrecker sowie seit 2017 zertifizierter Datenschutzbeauftragter. Sein beruflicher Weg begann mit einer sozialversicherungsrechtlichen Ausbildung bei der BARMER sowie mit Tätigkeiten im erlernten Beruf bei der BARMER sowie bei der Techniker Krankenkasse. Dem sozialrechtlichen Bereich blieb er auch während seines Studiums verbunden, denn er absolvierte seine Wahlstation in der Rechtsabteilung der BARMER in Wuppertal.

[Kontaktdaten]

Sven Wiesrecker
Schubien + Wiesrecker = Steuerberater/Rechtsanwälte
Allmendstraße 38 | 79211 Denzlingen | T 07666/94 88 34
sven.wiesrecker@schubien-wiesrecker.de | www.schubien-wiesrecker.de

Aus den Augen aus dem Sinn?

Arbeitsrecht und Datenschutz im Homeoffice:
Die Gesetze, ihre Bedeutung und Umsetzung

Der Jurist muss – das liegt in der Natur seines Berufsstandes –
natürlich zu Beginn eine geeignete Definition des zu klärenden
Begriffs suchen und finden.[7]

Homeoffice: Telearbeit – Mobile Arbeit

Der im allgemeinen Sprachgebrauch dominierende Begriff des
„Homeoffice" umfasst die Bereiche von „Tele(heim)arbeit" und der
„Mobilen Arbeit". Die Unterscheidung dieser Begriffe ist essenziell
sowohl für die Ausgestaltung der Tätigkeiten der Arbeitsnehmer als
auch für die Pflichten, die sich für den Arbeitgeber ergeben.
Der Begriff der Telearbeit ist seit 2016 in der Arbeitsstättenver-
ordnung[8] konkret definiert. Danach sind Telearbeitsplätze vom
Arbeitgeber fest eingerichtete Bildschirmarbeitsplätze im privaten
Bereich des Beschäftigten, für die der Arbeitgeber eine mit den
Beschäftigten vereinbarte wöchentliche Arbeitszeit und die Dauer
der Einrichtung festgelegt hat.
Für das Mobile Arbeiten gibt es hingegen keine Legaldefinition!
Im Bereich der Mobilen Arbeit (Mobile Telearbeit oder Mobile
Office) hat der Arbeitnehmer keinen festen örtlichen Arbeitsplatz.
Die Arbeit kann somit komplett ortsunabhängig mittels Informati-
ons- und Kommunikationstechnik erbracht werden. Dabei muss der
Arbeitnehmer natürlich gewährleisten, seinen arbeitsvertraglichen
Pflichten nachzukommen.
Der Vollständigkeit halber sei die sogenannte Heimarbeit im Sinne
des Heimarbeitsgesetzes erwähnt. Heimarbeiter sind generell keine
Arbeitnehmer, sondern selbstständig tätig, aber wegen ihrer wirt-
schaftlichen Abhängigkeit in der Regel als arbeitnehmerähnliche
Personen zu qualifizieren.

---

[7] Alle Informationen dieses Beitrags sind gestützt auf den rechtlichen Grundlagen im September 2020.
[8] ArbstättV § 2 Abs. 7 S. 1

Derzeit kein gesetzlicher Anspruch auf Homeoffice

Anders als zum Beispiel in den Niederlanden, besteht in Deutschland derzeit kein gesetzlich zu begründender Anspruch auf eine Beschäftigung im Homeoffice. Deshalb können Mitarbeiter grundsätzlich nur im Einvernehmen mit dem Arbeitgeber von zu Hause aus arbeiten.

Als Rechtsgrundlagen für das Homeoffice kommen in Frage:
* eine Regelung im Individualarbeitsvertrag
* eine gesonderte einvernehmliche Regelung mit dem jeweiligen Arbeitnehmer
* eine mit dem Betriebsrat getroffene Betriebsvereinbarung
* eine in einem Tarifvertrag enthaltene Regelung

Kann der Arbeitgeber unter Umständen den Arbeitnehmer dennoch dazu verpflichten seine Tätigkeit im Rahmen von Homeoffice oder als Mobile Arbeit durchzuführen? Das Direktions- beziehungsweise Weisungsrecht des Arbeitgebers gemäß Gewerbeordnung[9] umfasst zwar generell die Befugnis zur Bestimmung des Arbeitsorts, aber seitens der Rechtsprechung ist zementiert, dass die Wohnung als intimste Privatsphäre des Arbeitnehmers besonderen Schutz genießt. Eine einseitige Anordnung kommt also nicht in Betracht.

Der Arbeitnehmer wiederum kann für den Fall, dass keine vertragliche Vereinbarung existiert, nur in Einzelfällen einen Anspruch auf Arbeit im Homeoffice geltend machen. Dies kann ausnahmsweise dann zutreffen, wenn das Unternehmen das Homeoffice als generell vereinbar mit dem Organisationskonzept ansieht, dies entsprechend dokumentiert hat und eine Abwägung der beiderseitigen Interessen zugunsten des Arbeitnehmers ausgeht.[10]

Arbeitsvertragliche Vereinbarung

Die rechtliche Grundlage zur Errichtung eines Homeoffice-Arbeitsplatzes ist daher grundsätzlich eine arbeitsvertragliche Vereinbarung

---

[9] GewO § 106
[10] Bundesarbeitsgericht Urteil vom 2.3.2006 – 2 AZR 64/051

zwischen Arbeitgeber und Arbeitnehmer im gegenseitigen Einvernehmen, wobei wie bei einem normalen Arbeitsvertrag eine formlose Einigung ausreichend sein kann. Es wird dringend dazu geraten, die Schriftform zu wählen.

Zur rechtlichen Absicherung der beteiligten Parteien – Arbeitgeber und Arbeitnehmer – ist es sinnvoll, folgende Punkte in der Vereinbarung zu klären:
- Arbeitszeit
- technische Einrichtung und Ausstattung des Homeoffice
- Regelung über das Tragen der Kosten der Einrichtung sowie eventueller Aufwendungen des Arbeitnehmers (Mietkosten, Heizung, Strom, Internet, Telefon)
- gegebenenfalls die Gewährung eines Zutrittsrecht für den Arbeitgeber für die Einrichtung und Beurteilung des Arbeitsplatzes sowie für die Überprüfung der Einhaltung der arbeitsschutzrechtlichen Vorschriften

Für den Fall, dass einzelvertraglich keine entsprechenden Informationen vorliegen, können kollektivrechtlich – durch Tarifvertrag oder Betriebsvereinbarung – entsprechende Regelungen getroffen werden. Die konkreten Bedingungen sollten dann zwischen Arbeitnehmer und Arbeitgeber in einer ergänzenden separaten vertraglichen Regelung vereinbart werden.

Wer trägt die Kosten?

Wenn ein Arbeitnehmer regelmäßig im Homeoffice arbeitet, trägt der Arbeitgeber die Verantwortung für die Ausstattung des Arbeitsplatzes. Dies ist in der Arbeitsstättenverordnung verankert.[11] Grundsätzlich trägt der Arbeitgeber die Kosten für die entsprechenden Arbeitsmittel. Hierzu zählen beispielsweise:
- elektronische Geräte wie Computer, Drucker
- Einrichtungsgegenstände wie Bürostuhl, Schreibtisch etc.

[11] ArbstättV § 3 Abs. 1 S. 1

Falls der Arbeitnehmer (teilweise) sein eigenes Inventar und/oder technisches Equipment nutzt, kann er einen entsprechenden Aufwendungsanspruch gegenüber dem Arbeitgeber geltend machen. Es ist mehr als empfehlenswert, einen entsprechenden Passus in der Vereinbarung über die Homeoffice-Tätigkeit aufzunehmen! Denn: Liegt diese vertragliche Regelung nicht vor, kann unter Umständen ein Anspruch auf Aufwendungsersatz für die Nutzung der heimischen Wohnung bestehen. Hierbei handelt es sich um den allgemein anerkannten zivilrechtlichen Aufwendungsersatzanspruch.

Arbeitsschutz

Im Homeoffice sind dieselben Arbeitsschutzvorschriften wie beim betrieblichen Arbeitsplatz anzuwenden. Hierbei handelt es sich insbesondere um:
- das Arbeitszeitgesetz (ArbZG)
- die Arbeitsstättenverordnung (ArbStättV)
- das Arbeitsschutzgesetz (ArbSchG) und die dazu erlassenen Arbeitsschutzverordnungen

Aktuell besteht keine grundsätzliche Verpflichtung die Arbeitszeit aufzuzeichnen. Dies wird sich aber durch ein Urteil des Europäischen Gerichtshofs ändern, da Arbeitgeber durch eine entsprechende zukünftige nationale Gesetzesänderung dazu verpflichtet werden, generell eine objektive, verlässliche und zugängliche Arbeitszeiterfassung zu gewährleisten.[12]

Der Tipp wiederum: Legen Sie die Dauer und Lage (Beginn, Ende, Pausenzeiten und die Verteilung auf Arbeitstage) der Arbeitszeit schriftlich fest. Dies dient der Sicherheit beider Seiten.

Bereits jetzt – also vor der nationalen Umsetzung des genannten EuGH-Urteils – ist der Arbeitgeber aber für die Einhaltung der Regelungen des Arbeitszeitgesetzes generell verantwortlich. So hat der Arbeitgeber die zwingenden Vorgaben des Arbeitszeitgesetzes sicherzustellen: Die gesetzlichen Höchstarbeitszeitgrenzen, die täglichen Höchstarbeitszeiten sowie die Vorschriften über Ruhe-

---

[12] EuGH Urteil vom 14.5.2019 – C-55/18

pausen, Ruhezeit und die Regelung zur Nacht- und Schichtarbeit gelten natürlich auch für den Arbeitnehmer im Homeoffice. Auch die Vorgaben zur Sonn- und Feiertagsruhe sind ohne Einschränkung auf Arbeitnehmer im Homeoffice anzuwenden.[13]

Verstöße, ob fahrlässig oder vorsätzlich, gegen die Vorgaben des Arbeitszeitgesetzes durch den Arbeitgeber können als Ordnungswidrigkeit oder Straftat mit den entsprechenden Strafandrohungen geahndet werden.[14]

Möglichkeit Arbeitszeittagebuch

Wie soll man als Arbeitgeber aber die gesetzlich vorgegebene Verantwortung unter Wahrung der Verhältnismäßigkeit umsetzen und sicherstellen, wenn die Arbeit in den Räumlichkeiten des Arbeitnehmers ausgeübt wird und der Arbeitgeber keine direkten Zugriffsmöglichkeit hat?

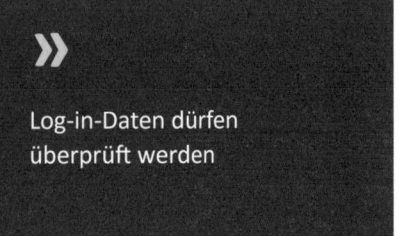

»

Log-in-Daten dürfen überprüft werden

Es besteht die Möglichkeit, den Arbeitnehmer zu verpflichten, ein Arbeitszeittagebuch zu führen, in dem dieser seine Arbeitszeit dokumentiert. Diese Aufzeichnungen werden in der Folgezeit regelmäßig dem Arbeitgeber zur Überprüfung überlassen. Dass es sein kann, dass Einträge nicht korrekt sind, liegt auf der Hand.

Gibt es eine weitere Möglichkeit, den Arbeitnehmer zu kontrollieren? Die Überprüfung der reinen Log-in-Daten des Arbeitnehmers durch den Arbeitgeber ist rechtlich nicht zu beanstanden, da dieses Vorgehen in etwa der Kontrolle mittels einer Stempeluhr entspricht.

Die Ausübung weiterer Kontrolle ist jedoch umstritten, da zum Beispiel der Einsatz eines Tasten-Protokollierers (Keyloggers) nach den datenschutzrechtlichen Vorgaben nur dann rechtlich unbedenklich ist, wenn ein auf den Arbeitnehmer bezogener, durch konkrete Tatsachen begründeter Verdacht einer Straftat oder anderen schwerwiegenden Pflichtverletzung besteht.[15]

---

[13] ArbZG §§ 9 ff
[14] ArbZG §§ 22, 23
[15] BAG Urteil vom 27.7.2017 – 2 AZR 681/16

Der Arbeitsschutz – Gefährdungsbeurteilung

Vor Aufnahme der Telearbeit hat der Arbeitgeber im Sinne der Arbeitsstättenverordnung[16] eine Gefährdungsbeurteilung durchzuführen und zu dokumentieren. (Weitere Einzelheiten zur Gefährdungsbeurteilung finden Sie im entsprechenden Artikel von Alexander Glöckler.)

Wichtig ist in diesem Zusammenhang die Frage, ob und welche Konsequenzen sich ergeben, wenn der Arbeitgeber seinen Verpflichtungen hinsichtlich der Gefährdungsbeurteilung nicht nachkommt. Das heißt, dass eine Gefährdungsbeurteilung entweder nicht angemessen oder überhaupt nicht durchgeführt wurde.

Die Überwachung des Arbeitsschutzes nach dem Arbeitsschutzgesetz ist eine staatliche Aufgabe.[17] Gemäß Arbeitsschutzgesetz sind für den Arbeitsschutz – und damit auch für die Aufsicht bezüglich der Durchführung der Gefährdungsbeurteilungen – die Bundesländer zuständig.[18] Die obersten Landesbehörden (Arbeitsministerien) bestimmen dazu meist nachgeordnete Behörden mit dem Vollzug beziehungsweise der Überwachung der Aufgaben. So werden in Baden-Württemberg beispielsweise die Aufgaben der Gewerbeaufsicht im Arbeits- und Umweltschutz von den 44 Stadt- und Landkreisen und den vier Regierungspräsidien wahrgenommen.

Auch die entsprechenden Berufsgenossenschaften sind satzungsgemäß für den Arbeitsschutz in ihren Mitgliedsbetrieben zuständig. So können diese ebenso die Umsetzung der Gefährdungsbeurteilung in den Betrieben überwachen. Die Landesbehörden und die gesetzlichen Unfallversicherungsträger arbeiten bei der Überwachung Hand in Hand und informieren sich gegenseitig über vollzogene Betriebsbesichtigungen und die sich daraus ergebenden Ergebnisse.

Eine Gefährdungsbeurteilung wurde beispielsweise dann nicht angemessen durchgeführt, wenn der Arbeitsplatz oder die Tätigkeit nicht korrekt beurteilt wurde, eine Beurteilung nicht mehr auf dem aktuellen Stand ist oder Unterlagen des Arbeitgebers nicht

[16] ArbStättV § 3
[17] ArbSchG § 21 Abs. 1
[18] ArbSchG § 21 Abs. 3

nachvollziehbar sind. Es folgt dann in der Regel eine schriftliche Aufforderung der zuständigen Behörde, die Gefährdungsbeurteilung fristgerecht zu vervollständigen. Unter Umständen wird eine Nachverfolgung durchgeführt, was aber nicht zwingend erforderlich ist. Wurde hingegen keine Gefährdungsbeurteilung durchgeführt, werden Arbeitgebern von Seiten der Aufsichtsbehörde zunächst entsprechende Hilfestellungen angeboten, damit eine korrekte Gefährdungsbeurteilung erstellt werden kann. In diesen Fällen folgen generell vollziehbare Anordnungen mit Fristsetzung zur Durchführung der Gefährdungsbeurteilung und zur Vorlage einer geeigneten Dokumentation.

Sollte entsprechenden Anordnungen der Behörde nicht nachgekommen werden, drohen Bußgelder.[19]

Arbeitsunfall im Homeoffice?

Auch die Unfallversicherungsträger sind aufgrund ihrer Satzungen für den Arbeitsschutz in ihren Mitgliedsbetrieben zuständig. Ist aber jeder Unfall im Rahmen der Homeoffice-Tätigkeit ein Arbeitsunfall? Und steht dieser damit unter dem Schutz der gesetzlichen Unfallversicherung?

Wie in einem „normalen" Arbeitsverhältnis gilt generell: Ein Unfall infolge einer versicherten Tätigkeit ist ein Arbeitsunfall und steht damit unter dem Schutz der gesetzlichen Unfallversicherung.

Dabei ist nicht der Ort an sich entscheidend, sondern die sogenannte Handlungstendenz. Die Handlung, bei der sich der Unfall ereignet hat, muss wesentlich dem Unternehmen dienlich sein, von dem sich die versicherte Tätigkeit ableitet. Dabei ist nach einer von der Rechtsprechung des Bundessozialgerichts[20] vielfach benutzten Formel wertend zu ermitteln, ob die Verrichtung innerhalb der Grenzen liegt, bis zu welchen der Versicherungsschutz in der gesetzlichen Unfallversicherung reicht. Die Feststellung der Handlungstendenz und die wertende Zuordnung müssen sich an objektiven Umständen des Einzelfalls orientieren und dadurch ihre Bestätigung finden.[21]

---

[19] ArbSchG § 25
[20] Urteil v. 12.12.2006, B 2 U 28/05 R; Urteil v. 12.4.2005, B 2 U 11/04 R, BSGE 94 S. 262 = NZS 2006 S. 154
[21] Jung, SGB VII, § 8 SGB VII Rz. 11, Stand: 31.7.2019 (online)

Hier das entsprechende Beispiel: Eine Versicherte wollte im Erdgeschoss die unterbrochene Internetverbindung überprüfen, fiel die Treppe hinunter und verletzte sich dabei. Da die Internetverbindung für die dienstliche Kommunikation benötigt wurde, entschied das Bundessozialgericht, dass es sich um einen Arbeitsunfall handelte.

In einem weiteren Fall entschied das Bundessozialgericht wie folgt: Eine Arbeitnehmerin, deren regelmäßiger Arbeitsort ihre Wohnadresse war, wollte dort in ihrem Büro im Kellergeschoss den mitgeführten Laptop anschließen, um ein Telefonat zu führen. Beim Hinabsteigen der Kellertreppe rutschte sie auf dem Weg zu ihrem Büro auf einer Stufe ab, stürzte und verletzte sich.

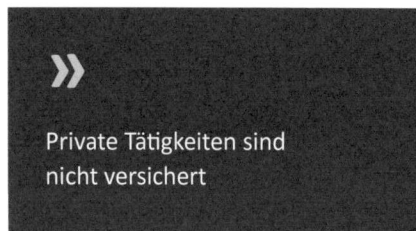

»

Private Tätigkeiten sind nicht versichert

Entgegen der Entscheidung des zuständigen Landessozialgerichts nahm das Bundessozialgericht einen Arbeitsunfall an[22], da

- das Hinabsteigen der Kellertreppe in einem sachlichen Zusammenhang zu der ausgeübten Tätigkeit stand,
- es sich um einen Betriebsweg im Sinne des Sozialgesetzbuches VII handelte[23], denn Betriebswege sind Wege, die in Ausübung der versicherten Tätigkeit zurückgelegt werden, Teil der versicherten Tätigkeit sind und damit der Betriebsarbeit gleichstehen,
- die gängige Grenzziehung (Außentür des Wohngebäudes) für Betriebswege im Rahmen einer Homeoffice-Tätigkeit nicht greift,
- das zu führende Telefonat zu den Aufgaben im Interesse des Unternehmens gehörte und somit auch hier die Handlungstendenz auf die Tätigkeit als Beschäftigte des Unternehmens gerichtet war.

Wege zur Toilette oder zur Nahrungsaufnahme in der Küche sind hingegen eigenwirtschaftliche (private) Tätigkeiten und sind somit (auch) im Rahmen einer Homeoffice-Tätigkeit nicht versichert!

[22] Urteil v. 27.11.2018, B 2 U 28/17 R
[23] § 8 Abs 1 S 1 iVm § 2 Abs 1 Nr 1 SGB VII

Homeoffice und Datenschutz

Die Datenschutzvoraussetzungen im Homeoffice unterscheiden sich grundsätzlich nicht von denen an einem innerbetrieblichen Arbeitsplatz, das heißt, es sind dieselben Datenschutznormen zu beachten. Der Arbeitnehmer im Homeoffice ist Teil des Betriebes und er nimmt an innerbetrieblichen Prozessen teil. Bei Unstimmigkeiten im Bereich des Datenschutzes würde im Zweifelsfall der Arbeitgeber und nicht der Arbeitnehmer zur Rechenschaft gezogen werden.

Die Vorschriften der Datenschutzgrundverordnung (DSGVO) sind immer dann relevant, wenn personenbezogene Daten in Dateien verarbeitet werden.[24] Die Speicherung, Übermittlung, Veränderung und Löschung personenbezogener Daten ist zulässig, wenn entweder das Bundesdatenschutzgesetz (BDSG) und die DSGVO oder eine andere Rechtsvorschrift dies erlauben oder die betroffene Person einwilligt.

Seiner Verantwortung kommt der Arbeitgeber dann nach, wenn er die Einhaltung und Durchführung des BDSG und der DSGVO durch technische und organisatorische Maßnahmen gewährleistet. Wie im arbeitsrechtlichen Bereich ist auch hinsichtlich der DSGVO eine schriftliche Fixierung dringend angeraten.

Mit dem Arbeitnehmer sollte vereinbart werden, dass das BDSG, die DSGVO und alle innerbetrieblich geltenden Richtlinien, Betriebsvereinbarungen und Verschwiegenheitserklärungen des Arbeitgebers im außerbetrieblichen Arbeitsplatz ebenso anzuwenden sind wie am Arbeitsplatz im Betrieb.

Grundsätzlich ist es empfehlenswert darauf hinzuweisen, dass entsprechende elektronische Arbeits- und Kommunikationsmittel wie Computer, Tablet und Smartphone dem Arbeitnehmer unter der Voraussetzung zur Verfügung gestellt werden, dass eine private Nutzung des Equipments nicht erlaubt ist.

Darüber hinaus sollte der Arbeitnehmer verpflichtet werden, die betrieblich genutzten Arbeitsmittel, Unterlagen und Daten so aufzubewahren, dass Dritte hierauf keinen Einblick und/oder Zugriff haben. Passwörter und Zugangswege zu den Unternehmenssystemen und

---

[24] BDSG § 1 Abs. 1

-netzen dürfen Dritten nicht überlassen werden. Es versteht sich von selbst, dass im Bereich des Homeoffice der tatsächliche Schutz etwaiger physikalischer Daten ebenfalls konkret regelt werden muss.

Hier eine Zusammenfassung, welche Punkte eine Verpflichtungserklärung enthalten sollte:

- es sollte ein separates und abschließbares Arbeitszimmer gegeben sein
- generell sollten dienstliche und insbesondere personenbezogene Unterlagen in einem abschließbaren Schrank deponiert werden
- es sollte ein Verbot ausgesprochen werden, dass die beruflich zur Verfügung gestellte Elektronik privat genutzt werden darf
- die Verschlüsselung der Festplatte des PCs oder Laptops ist zwingend vorgeschrieben; gleiches gilt für externe Datenträger
- das Betriebssystem ist mit einem geeigneten Kennwort zu versehen
- die elektronische Datenübermittlung (also etwa E-Mail) ist nach dem Stand der Technik zu verschlüsseln
- bei Anwesenheit von Dritten im Bereich des Homeoffice sollte der Computer auch bei kurzzeitigem Verlassen gesperrt werden
- berufliche E-Mails sind nicht auf private E-Mail-Postfächer weiterzuleiten
- es sollte ein Konzept zum Umgang und zur Vernichtung von sensiblen Unterlagen und Ausdrucken erstellt werden

Zu den sicherheitstechnischen Maßnahmen soll hier auch auf die IT-Grundschutz-Kataloge des Bundesamtes für Sicherheit in der Informationstechnik verwiesen werden.[25]

Demselben Schutz wie die zu schützenden Daten Dritter unterliegen natürlich auch die persönlichen Daten des Mitarbeiters im Homeoffice. In diesem Zusammenhang stellt sich unter anderem die Frage, welche Kontaktdaten von Mitarbeitern im Intranet veröffentlicht werden dürfen. Daten von Mitarbeitern, die nicht ständig präsent sind, werden sicher häufiger im Unternehmen abgerufen und benötigt als die Daten der Mitarbeiter vor Ort.

---

[25] Die sicherheitstechnischen Maßnahmen werden ausführlich in den IT-Grundschutz-Katalogen des Bundesamtes für Sicherheit in der Informationstechnik erläutert. M 2 bis M 6 in: BSI, IT-Grundschutz-Kataloge, Bonn, Stand 15. EL 2016; https://www.bsi.bund.de/DE/Themen/ITGrundschutz/ITGrundschutzKataloge/itgrundschutzkataloge_node.html (zuletzt geprüft am 3.7.2020)

Eine pauschale Beurteilung, wann die Veröffentlichung von Mitarbeiterdaten erforderlich ist, ist kaum möglich. Die jeweilige Einzelfallbetrachtung muss Faktoren berücksichtigen, wie die Funktion des Mitarbeiters im Unternehmen und den konkreten Aufgabenbereich. Außerdem muss die Frage beantwortet werden, ob ein gesteigertes Bedürfnis vorliegt, den Mitarbeiter ohne gesteigerten Aufwand erreichen zu können oder zu müssen. Ist dies geklärt, sollte die Veröffentlichung der erforderlichen Kontaktdaten im Intranet generell zulässig sein.

Wichtig ist es, die veröffentlichten Daten auf das erforderliche Minimum zu beschränken. So mag die Veröffentlichung des Namens, der Funktion und der Kontaktdaten zulässig sein, um den unternehmens- bzw. konzerninternen Informationsfluss zu gewährleisten, die Veröffentlichung von Fotos ohne eine entsprechende Einwilligung ist hingegen unzulässig. Private Daten sollten grundsätzlich nicht im Intranet veröffentlicht werden.

Zusammenfassung

Rein rechtlich gesehen gibt es den Begriff Homeoffice nicht – aber das kümmert (vermutlich) nur die Juristen, nicht die Arbeitgeber und Arbeitnehmer. Tatsächlich gelten im Homeoffice sogar die normalen arbeitsrechtlichen „Regeln". Trotzdem ergeben sich durch die räumliche Distanz zur eigentlichen Betriebsstätte einige zusätzliche Problematiken und Fragestellungen, die hier ausführlich erläutert wurden. Wer sich bereits im Vorfeld Gedanken macht und Lösungen findet zu Themen, wie Arbeitsvertrag, Arbeitszeit, Arbeits- sowie Datenschutz, und die Vereinbarungen schriftlich fixiert, kann den meisten Unwägbarkeiten aber gekonnt aus dem Weg gehen.

Auch wenn in Deutschland derzeit kein gesetzlich zu begründender Anspruch auf eine Beschäftigung im Homeoffice besteht, werden doch immer wieder und vielleicht auch immer mehr Arbeitnehmer von zu Hause aus arbeiten wollen – oder wie 2020 geschehen – auch arbeiten müssen. Doch darauf kann man sich vorbereiten.

Wir hoffen, Ihnen dazu die entsprechenden Anregungen und Hinweise gegeben zu haben.

[Ganz persönlich]

Meine Erfahrung mit dem Homeoffice

Es ist ein großer Luxus, wenn man seine Arbeit einfach von jedem Ort der Welt und natürlich auch aus den heimischen vier Wänden heraus verrichten kann. Der eine oder andere Mandant überraschte mich schon damit, dass er seiner Tätigkeit wenigstens vorübergehend aus dem Wohnmobil oder von anderen „verwegenen" Orten heraus nachging. Das muss ich auch einmal probieren ...

Sven Wiesrecker

Besser zweimal hinschauen

Ein strategisch entwickelter Arbeits- und
Gesundheitsschutz hat zahlreiche Vorzüge

Über den Autor

Alexander Glöckler

Alexander Glöckler ist Geschäftsführender Gesellschafter im Familienunternehmen. Sein Kernbereich ist die Unternehmensberatung, hier unterstützt Alexander Glöckler Unternehmen der unterschiedlichsten Branchen mit unterschiedlichen Betriebsgrößen in den Fachdisziplinen Arbeitsschutzmanagement und Qualitätsmanagement, aber auch bei den Themen Prozess- und Rüstoptimierung sowie bei der Planung von Vorrichtungen und Spannmitteln. Alexander Glöckler ist außerdem Trainer und Dozent bei der IHK in den Fachdisziplinen Arbeitsschutz und Qualitätsmanagement.

[Kontaktdaten]

Alexander Glöckler | Glöckler Consulting
Gutenbergstraße 7 | 78647 Trossingen
T 07425 33 81 12 | M 0151 12 62 02 80
info@gloeckler-consulting.de | www.gloeckler-firmengruppe.de

Besser zweimal hinschauen

Ein strategisch entwickelter Arbeits- und Gesundheitsschutz hat zahlreiche Vorzüge

Ein wesentliches Unternehmensziel ist es, wirtschaftlich zu handeln und zu produzieren. Ein gleichberechtigtes Ziel sollte sein, gute Arbeitsbedingungen zu schaffen. Seit 1996 gilt in Deutschland das Arbeitsschutzgesetz; dieses Gesetz ist für alle Arbeitgeber verbindlich und verpflichtend umzusetzen.

Aber wie verhält es sich mit dem Arbeits- und Gesundheitsschutz im Homeoffice? Wie sieht es mit den allgemeinen Informations- und Dokumentationspflichten aus? Auf diese Fragen und gesetzlichen Forderungen dürfen praktikable Antworten gefunden werden. Arbeitgeber werden auch bei der Gestaltung der Arbeitsplätze im Homeoffice in die Pflicht genommen. Ein Unternehmer kann es nicht dem Arbeitnehmer überlassen, sich selbst um die Einrichtung beziehungsweise Gestaltung des Arbeitsplatzes zu kümmern, sondern hat dafür Sorge zu tragen, dass die Bestimmungen des Arbeits- und Gesundheitsschutzes auch hier eingehalten werden.

Auf den folgenden Seiten erhalten Unternehmer einen Überblick, was zu beachten ist und wie man die Umsetzung in der Praxis handhaben kann. Wir beleuchten diese Punkte ausführlicher:

1. Grundpflichten des Arbeitgebers:
   die Organisation des Arbeitsschutzes
2. Die Gefährdungsbeurteilung
3. Konkrete Maßnahmen
4. Unterweisung der Mitarbeiter
5. Dokumentationspflichten

1. Organisation des Arbeitsschutzes

Der erste Schritt: Um den Pflichten im Arbeits- und Gesundheitsschutz im Unternehmen nachzukommen, ist es zunächst einmal
erforderlich, eine entsprechende Organisationsstruktur aufzubauen. Diese ist relevant, um die Rechtskonformität zu wahren und
um Haftungsfragen zu minimieren.

* Erstellen Sie ein Organigramm Ihres Unternehmens, in dem alle
  Verantwortlichkeiten und Zuständigkeitsbereiche bezüglich des
  Arbeits- und Gesundheitsschutzes aufgelistet sind. Wer macht
  was? Wer ist für was verantwortlich? Berücksichtigen Sie bei
  den Zuständigkeiten auch die Ausbildungsabteilung sowie Hilfs-
  und Unterstützungskräfte.
* Binden Sie bei der Erstellung des Organigramms unbedingt alle
  Führungskräfte und Mitarbeiter ein.

Ist das Organigramm erstellt, informieren Sie Ihre Führungskräfte
und Linienverantwortliche über deren Pflichten im Arbeits- und
Gesundheitsschutz und teilen Sie Ihren Mitarbeiter mit, welche
gesetzlichen Mitwirkungspflichten sie haben.[26] Bitte
beachten: Unternehmerpflichten können übertragen
werden, jedoch muss der Unternehmer kontrollieren,
ob die übernommenen Pflichten auch ausgeführt werden.[27] Bei Unternehmen mit mehr als 20 Mitarbeitern
dürfen zudem Sicherheitsbeauftragte bestellt werden, die Anzahl der Sicherheitsbeauftragten ist zu
errechnen.[28]

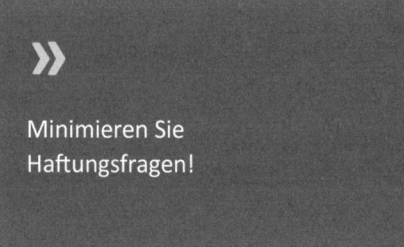

» Minimieren Sie Haftungsfragen!

[26] ASiG § 13
[27] BGH St. 19 286, 288, Schmidt-Salzer, Joachim: Produkthaftung. Bd. 1. RdNr. 1.212
[28] SGB VII § 22

Arbeits- und Gesundheitsschutz im Betrieb umfasst die drei
Bereiche Technik, Organisation und Personal.[29]

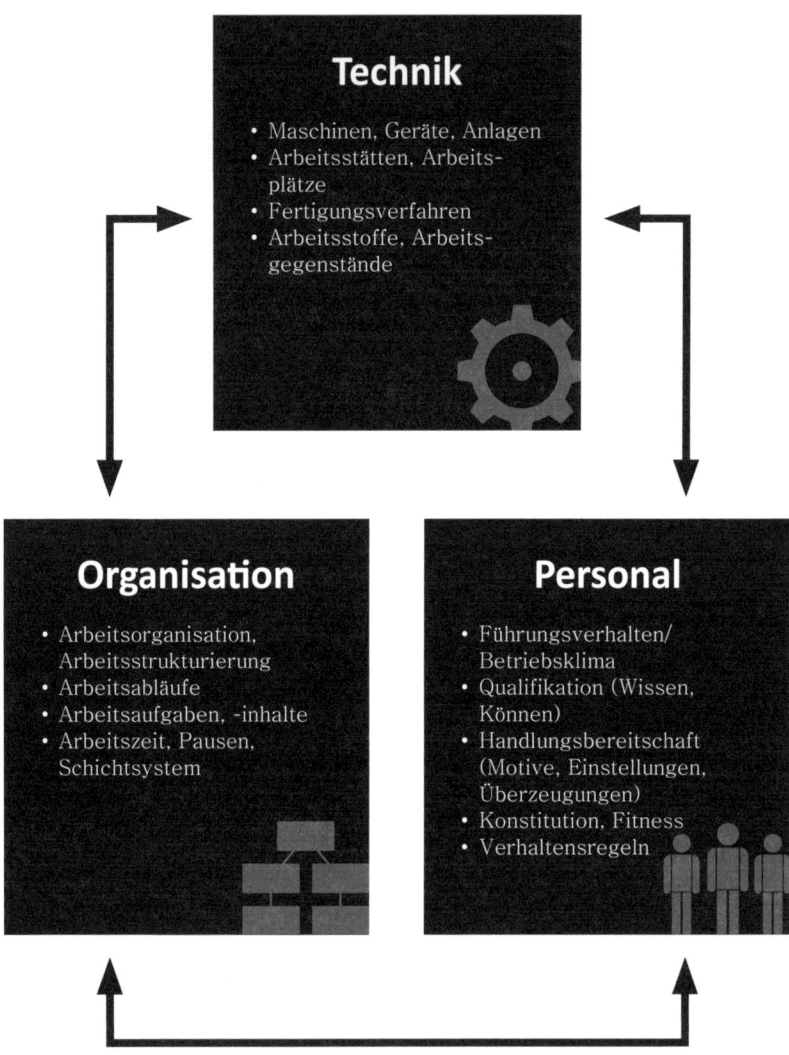

[29] Deutsche Gesetzliche Unfallversicherung (DGUV) Information 215-410

2. Die Gefährdungsbeurteilung

Ein Unternehmen ohne Gefährdungsbeurteilung zu führen, ist wie Autofahren ohne Führerschein! Die Gefährdungsbeurteilung ist die Grundlage für alle späteren Handlungen im Arbeits- und Gefährdungsschutz.

Das Ziel der Gefährdungsbeurteilung ist es, Arbeitsunfälle und arbeitsbedingte Gesundheitsgefahren zu verhindern. Es geht außerdem darum, eine menschengerechte Gestaltung der Arbeit zu gewährleisten und umzusetzen. Wir betrachten hier nur die prospektive Art, also die vorausschauende Gefährdungsbeurteilung, da diese gerade bei Einrichtung von Homeoffice-Arbeitsplätzen wichtig ist.

Der Gesetzgeber hat vorgeschrieben:[30]
- Der Arbeitgeber hat mit einer Gefährdungsbeurteilung die Arbeitsbedingungen sowie die Gefährdungen zu ermitteln, die auf die Beschäftigten einwirken können.
- Darauf aufbauend hat er abzuleiten, welche Maßnahmen des Arbeits- und Gesundheitsschutzes sowie welche Maßnahmen nach weiteren Forderungen, etwa aus dem Mutterschutzgesetz, erforderlich sind.
- Der Arbeitgeber ist verpflichtet, die erforderlichen Maßnahmen des Arbeits- und Gesundheitsschutzes zu treffen, sie umzusetzen und zu kommunizieren, um der Gefahr von Kommunikations- und Koordinierungsmängeln entgegenzuwirken.[31]
- Der Arbeitgeber hat die getroffenen Maßnahmen auf ihre Wirksamkeit hin regelmäßig zu prüfen.

Welchen Nutzen haben Sie von der Gefährdungsbeurteilung?

- Unternehmer, aber auch Führungskräfte, kommen ihrer durch das Gesetz auferlegten Fürsorgepflicht nach.

---

[30] ArbSchG §§ 3 und 5
[31] Frisch, Wolfgang: Tatbestandsmäßiges Handeln und Zurechnung zum Erfolg. 1988. S. 210 ff.

- Unternehmer, aber auch Führungskräfte, erhalten ein weiteres Instrumentarium zum Führen des Unternehmens an die Hand.
- Der Schutz für die Beschäftigten wird erhöht und gezielt gefördert.
- Die Gefährdungsbeurteilung zeigt wesentliche Gesetze, Verordnungen und Regeln auf, die umgesetzt werden sollen.
- Das Thema Unterweisung sowie das Thema Betriebsanweisungen wird geklärt.
- Weiterer Vorteil: Bei einer ISO-Zertifizierung wird eine Risikoanalyse gefordert. Die Gefährdungsbeurteilung ist eine Risikoanalyse mit Schutzzielen und Maßnahmenkatalog im Arbeits- und Gesundheitsschutz.
- Viele weitere Gesetze und Verordnungen sowie Technische Regeln bauen auf einer Gefährdungsbeurteilung auf, etwa die Betriebssicherheitsverordnung, die Arbeitsstättenverordnung oder die Technischen Regeln für Betriebssicherheit, um nur einige zu nennen.

Das Arbeitsschutzgesetz und die Arbeitsstättenverordnung beinhalten zahlreiche Vorschriften zur Gestaltung des Arbeitsraumes und des Arbeitsplatzes – und diese gelten natürlich auch für das Homeoffice. Zu beachten sind hier insbesondere:

- Die erforderlichen Maßnahmen für den Arbeitsschutz (§ 3 ArbSchG)
- Die Gestaltung des Arbeitsplatzes, so dass die Gefährdung für Leib und Leben ausgeschlossen wird (§ 4 Nr. 1 ArbSchG)
- Die Gefährdungsbeurteilung des Arbeitsplatzes (§ 3 ArbStättV)
- Konkrete Maßnahmen zur Gestaltung von Bildschirmarbeitsplätzen (Nr. 6 des Anhangs zur ArbStättV)

Hat ein Unternehmer nicht die fachliche Kompetenz zur Erstellung einer Gefährdungsbeurteilung, ist er verpflichtet, sich unterstützen zu lassen. Diese Hilfe kann durch interne Ansprechpartner (etwa Führungskräfte, Sicherheitsbeauftragte, Betriebsrat, Fachkraft für Arbeitssicherheit, Betriebsarzt) oder durch externe Fachkräfte (etwa Fachberater der Unfallversicherungsträger, Gewerbeaufsicht, Beratungsunternehmen, Brandschutzbeauftragte, Gefahrgutbeauftragte) geleistet werden.
Besonders eine Fachkraft für Arbeitssicherheit kann betriebsin-

tern eine große Hilfe sein. Wichtig ist aber, dass der Unternehmer weiter für die Erstellung der Gefährdungsbeurteilung verantwortlich bleibt! Hierzu noch eine Anmerkung: Laut DGUV Vorschrift 2 „Betriebsärzte und Fachkräfte für Arbeitssicherheit" ist die Erstellung der Gefährdungsbeurteilung keine Tätigkeit der sogenannten Grundbetreuung durch eine Fachkraft für Arbeitssicherheit.

Wann muss eine bestehende Gefährdungsbeurteilung angepasst werden?

Gefährdungsbeurteilungen dürfen grundsätzlich bei allen relevanten Veränderungen von Prozessen, bei der Änderung von Tätigkeitsabläufen, beim Personalwechsel oder wenn Arbeitsmittel, Maschinen oder Anlagen neu beschafft werden, angepasst werden. Gerade beim Wechsel der Arbeitsumgebung vom Büro in das Homeoffice, empfiehlt es sich, die Gefährdungsbeurteilung auf den Prüfstand zu stellen.

Im Homeoffice hat der Arbeitgeber insbesondere die Gefährdungen zu beachten, die sich aus dem Arbeitsplatz selbst oder aus der Nutzung der eingesetzten Geräte ergeben.

In zehn Schritten zum Erfolg:
So halten Sie Gefährdungsbeurteilungen aktuell.[32]

Handlungsschritte

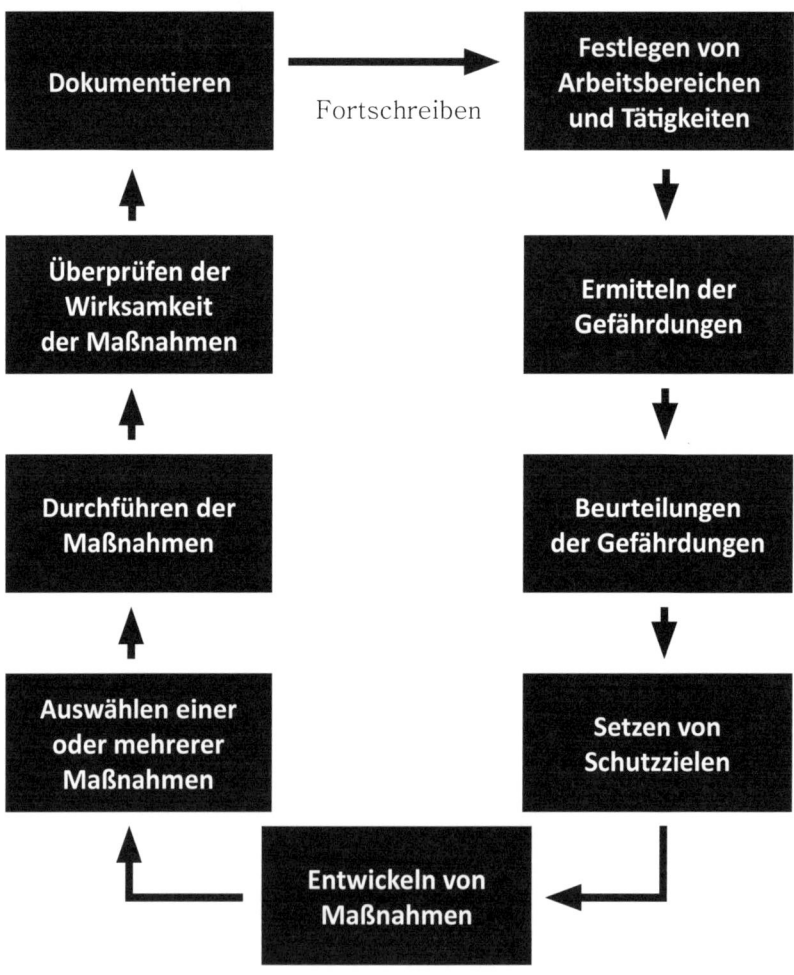

---

[32] BGHM Information 102 – Beurteilung von Gefährdungen und Belastung

Betriebsrat und Arbeitsschutzausschuss

Ist ein Betriebsrat vorhanden, ist er laut Betriebsverfassungsgesetz[33] in den Arbeits- und Gesundheitsschutz einzubinden. Außerdem ist der Betriebsrat aufgrund seiner Betriebskenntnis eine gute Informations- und Auskunftsquelle und er ist verpflichtet, bei der Bekämpfung von Unfall- und Gesundheitsgefahren[34] im Unternehmen mitzuwirken. Angeraten wird, dass Betriebsrat und Unternehmer eine Betriebsvereinbarung über den Ablauf und die Durchführung einer Gefährdungs- und Belastungsanalyse erstellen. Der Vollständigkeit halber sei erwähnt, dass Unternehmen ab 20 Mitarbeitern zusätzlich einen Arbeitsschutzausschuss[35] benötigen.

3. Konkrete Maßnahmen

Grundlage für die konkret zu treffenden Maßnahmen im Homeoffice ist die Beurteilung des geplanten Arbeitsplatzes des Arbeitnehmers zu Hause. Zu beachten ist, dass der Arbeitgeber aber grundsätzlich kein Zugangsrecht zu den privaten Räumlichkeiten des Arbeitnehmers hat.[36] Wie soll der Arbeitgeber also seine ihm gesetzlich auferlegten Schutzpflichten erfüllen?

Natürlich könnte arbeitsvertraglich oder in einer Betriebsvereinbarung festgelegt werden, dass der Arbeitnehmer sein Büro nach bestimmten Vorgaben einrichten darf, beziehungsweise dass er bestimmte Einrichtungsgegenstände des Arbeitgebers zu nutzen hat. Dies geht aber an der Realität vorbei: Welcher Arbeitnehmer möchte anstelle des nach eigenem Geschmack eingerichteten Arbeitszimmers das Einheitsmobiliar des Arbeitgebers verwenden? Wie will der Arbeitgeber außerdem kontrollieren, dass die Einrichtungsgegenstände tatsächlich genutzt werden? Und wie viele Arbeitnehmer arbeiten vom Esstisch oder Sofa aus?

---

[33] BetrVG §§ 87 Abs. 1 Ziffer 7 und 89
[34] BetrVG § 89 Abs. 2
[35] ASiG § 11
[36] GG Art. 13

Rechtlicher Ansatzpunkt kann hier nur die normierte Mitwirkungspflicht des Arbeitnehmers sein, die im Arbeitsschutzgesetz (§§ 15 und 16) festgehalten ist. Nach § 15 sind die Beschäftigten verpflichtet, nach ihren Möglichkeiten sowie gemäß der Unterweisung und Weisung des Arbeitgebers für ihre Sicherheit und Gesundheit bei der Arbeit Sorge zu tragen.

Doch der Arbeitgeber darf es sich nicht zu leicht machen: Er darf die Arbeitnehmer detailliert bezüglich Sicherheit und Gesundheitsschutz bei der Arbeit unterweisen (§ 12 ArbSchG). Er tut deshalb gut daran, eine Begehung und Bewertung des Homeoffice-Arbeitsplatzes anzubieten. Wichtig ist, alle Schritte umfangreich zu dokumentieren, um damit der Kontrollpflicht durch Nachfragen bezüglich etwaiger Veränderungen (ebenfalls zu dokumentieren) nachzukommen.

Einrichtung eines Bildschirmarbeitsplatzes

Bei der Einrichtung eines Bildschirmarbeitsplatzes ist auch die Bildschirmarbeitsverordnung zu beachten. Danach folgt insbesondere die Pflicht zur ergonomischen Ausstattung eines Arbeitsplatzes.

Bei der Arbeit an Bildschirm- und Büroarbeitsplätzen kann durch erhöhte körperliche, visuelle und psychische Belastungen eine „gesundheitliche Gefährdung" bei den Mitarbeitenden auftreten. Zwischen den Belastungsfaktoren bestehen vielfältige Wechselwirkungen. Grundsätzlich werden Bildschirmarbeitsplätze als belastungsarme Arbeitsplätze eingestuft, wenngleich durch Bewegungsmangel oder Vorschädigungen Beschwerden im Bereich des Bewegungsapparates ausgelöst oder verschlimmert werden können. Chronische Erkrankungen des knöchernen und muskulären Anteils des Rückens bei Beschäftigten an Bildschirmarbeitsplätzen spielen jedoch im Hinblick auf Berufskrankheiten keine Rolle. Berufskrankheiten sind in diesem Zusammenhang nicht bekannt. Welche Auswirkungen langes Sitzen im Detail haben kann und was man dagegen tun kann, das erfahren Sie im Artikel „Survivalstrategien für den Sitzalltag" von Brigitte Kälin.

Die körperliche Belastung am Bildschirmarbeitsplatz betrifft in erster Linie den Bewegungsapparat. Sie wird durch folgende Faktoren begünstigt:

- Ungünstige Körperhaltung
- Einseitige Belastung
- Unzureichende Arbeitsmittel
- Unzureichende Arbeitsorganisation
- Belastung der Augen und Beeinträchtigung des Sehvermögens

Die Tätigkeit am Bildschirmarbeitsplatz stellt besondere Anforderungen an die Sehschärfe, die Ausrichtung und Koordination der Sehachsen und damit an das beidäugige Sehen. Die Zeichenerkennung erfordert bereits bei der Textverarbeitung eine präzise Abbildung der Zeichen durch die brechenden Medien des Auges (Hornhaut, Linse, Glaskörper) und eine Weiterverarbeitung der optischen Informationen in der Sehbahn des zentralen Nervensystems (Netzhaut, Sehnerv, Sehhirn). Wichtig ist eine angemessene arbeitsplatzbezogene Untersuchung der Augen und des Sehvermögens im Rahmen einer arbeitsmedizinischen Vorsorge nach der Arbeitsmedizinischen Regel AMR 14.1. (besser bekannt unter dem Namen „G37"). Die gegebenenfalls hieraus resultierenden Maßnahmen haben für Beschäftigte an Bildschirmarbeitsplätzen eine besondere Bedeutung.

Beleuchtung am Arbeitsplatz

Die Beleuchtung des Arbeitsplatzes ist ein weiteres wichtiges Thema. In den Büroräumen im Unternehmen selbst ist dieses Thema im Normalfall längst geregelt, aber trifft das auch auf das Homeoffice zu? Schlecht beleuchtete Arbeitsplätze schädigen eines unserer wichtigsten Sinnesorgane – die Augen – und somit unsere Gesundheit.
Die Vorschriften für eine sichere und gute Beleuchtung werden in der Arbeitsstättenverordnung geregelt.[37] Aus dieser geht unter anderem hervor, dass auch Arbeitsplätze, die nur gelegentlich genutzt werden, ausreichend zu beleuchten sind. Eine gelegentliche Benutzung trifft gerade auf viele Homeoffice-Arbeitsplätze zu! Im Rahmen der Gefährdungsbeurteilung sollten Sie die Beleuch-

---

[37] ArbStättV ASR A3.4. und ASR A3.4/7

tung also möglichst auch im Homeoffice prüfen lassen. Bei Büro und Schreibarbeiten gilt eine Untergrenze von 500 Lux (ein trüber Dezembertag kommt auf etwa 6000 Lux). Wichtig ist auch, dass die Beleuchtung sicher und technisch einwandfrei ist, also dass beispielsweise kein Flimmern vorliegt. Das Thema Beleuchtung kann aus Platzgründen nur angerissen werden – eine Fachkraft für Arbeitssicherheit bringt aber bestimmt noch mehr Licht ins Dunkle!

4. Unterweisung der Mitarbeiter

Das Arbeitsschutzgesetz schreibt dem Arbeitgeber vor, dass er Unterweisungen durchführen muss.[38] Die Unterweisungen dürfen Anweisungen und Erläuterungen beinhalten, die eigens auf den Arbeitsplatz oder den Aufgabenbereich der Mitarbeiter ausgerichtet sind. Die Unterweisung muss zudem an die Gefährdungsbeurteilung angepasst sein und in regelmäßigen Abständen wiederholt werden. Auch für Mitarbeiter, die ins Homeoffice gehen, muss eine Unterweisung erfolgen, der Arbeitgeber hat wie bei der Gefährdungsbeurteilung eine Fürsorgepflicht. Inhalte sind im Homeoffice insbesondere: Arbeitsorganisation, Arbeitszeit sowie Belastungen am Arbeitsplatz. Unterbleibt die Unterweisung, haben Arbeitnehmer ein Recht auf Zurückbehaltung der Arbeitsleistung.[39]

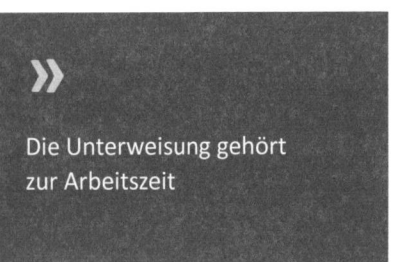

Die Unterweisung gehört zur Arbeitszeit

Wichtig ist, dass die Unterweisung während der Arbeitszeit erfolgt, da diese zum Leistungsumfang des Arbeitsverhältnisses zählt. Zudem haben die Mitarbeiter während der Unterweisung auch einen Vergütungsanspruch.[40]

Aber nicht nur der Arbeitgeber hat Pflichten, sondern auch der Arbeitnehmer. Nach § 15 Arbeitsschutzgesetz sind Arbeitnehmer entsprechend dazu verpflichtet, sich gemäß der Unterweisung des Arbeitgebers zu verhalten. Zu den Nebenpflichten eines

[38] ArbSchG 12
[39] BGB § 273 sowie Nöthlich, 4032 § 12 ArbSchG Erl.5
[40] Nöthlich, 4032 § 12 ArbSchG Erl.5

Arbeitnehmers gehört außerdem die Verhinderung von Schäden.[41]
Noch ein wichtiger Hinweis, falls Sie Mitarbeiter beschäftigen, die
das 18. Lebensjahr noch nicht vollendet haben: Diese müssen mindestens halbjährlich unterwiesen werden.[42]

5. Dokumentationspflichten

Dokumentationspflichten sind für Unternehmer oft ein eher leidiges
Thema. Die gute Nachricht: Im Arbeitsschutz fordert der Gesetzgeber insgesamt wenige Dokumentationspflichten ein – aber dennoch
gibt es diese.
Zu dokumentieren sind:
* das Ergebnis der Gefährdungsbeurteilung,
* die vom Arbeitgeber festgelegten Maßnahmen zur Gefährdungsbeurteilung sowie die Unterlagen, die zur Gewährleistung
  der Sicherheit und zum Schutz der Gesundheit der Beschäftigten
  gehören. Auch das Ergebnis der Überprüfung der Anforderungen
  ist zu dokumentieren.
* Alle Nachweise rund um die Unterweisung, also Inhalt sowie
  Zeitpunkt der Unterweisung, sowie Betriebsanweisungen und
  Prüfberichte von Arbeitsmitteln und/oder Sicherheitseinrichtungen.

Dokumentiert werden kann in Papierform oder in digitaler Form.
Nachvollziehbar sollen außerdem sein: die Umsetzungstermine der
Maßnahmen des Verantwortlichen. Die Fachkraft für Arbeitssicherheit sowie der Betriebsarzt sind dazu verpflichtet, einen schrift-
lichen Tätigkeitsbericht vorzulegen, aus dem Vorgehensweise und
Empfehlungen hervorgehen.
Bei mehr als 20 Mitarbeitern: Die Sitzungsergebnisse aus der in
jedem Quartal stattfindenden Arbeitsschutzausschusssitzung sind
nicht explizit als Besprechungsprotokoll zu dokumentieren, in den
einschlägigen Gesetzestexten findet sich kein Anhaltspunkt zur
Dokumentation. Die Ergebnisse aus dieser Sitzung sind formal in
der Gefährdungsbeurteilung vorzunehmen.

---

[41] Preis in ErfK § 611 BGB, Rn. 735ff.
[42] JArbSchG § 29 Abs. 2

Informationen zu arbeitsplatzspezifischen Maßnahmen sind insbesondere bei Bildschirmtätigkeiten in einer ausreichenden und angemessenen Art und Form zu dokumentieren.[43] Ebenso wie die Nachweise über das Angebot oder auch die Veranlassung von arbeitsmedizinischen Untersuchungen.[44]

Zusammenfassung

Es ist unerlässlich, dass der Arbeitgeber den Arbeits- und Gesundheitsschutz sicherstellt, denn der Arbeitgeber hat nicht nur die Generalverantwortung, sondern neben der Fürsorgepflicht auch ein ureigenes Interesse an der Umsetzung. Mitarbeiter, bei denen eine sehr gute Ausgangsbasis aufgrund des Arbeits- und Gesundheitsschutzes gegeben ist, erbringen bessere Leistungen für den Arbeitgeber – damit steigt der wirtschaftliche Erfolg.
Beachtet man die genannten fünf Punkte – Organisation des Arbeitsschutzes, Gefährdungsbeurteilung, Maßnahmen, Unterweisung sowie Dokumentationspflichten – ist der Weg zu einem erfolgreichen Arbeits- und Gesundheitsschutz auch im Homeoffice nicht weit.

---

[43] ArbStättV § 6
[44] insbesondere die Vorsorgekartei vgl. ArbMedVV § 3 Abs. 4

[Ganz persönlich]

Meine Erfahrung mit dem Homeoffice

Als Geschäftsführender Gesellschafter habe ich leider keine Gelegenheit, das Thema Homeoffice in seiner traditionellen Form selbst auszuüben. Für mich heißt es, vor Ort zu sein, um direkt an unserer Wertschöpfungskette, den Produkten und am Markt zu sein. Aber natürlich ist es für mich selbstverständlich, Arbeit mit nach Hause zu nehmen und von dort aus zu agieren. In unserem Familienunternehmen habe ich gute Erfahrungen mit dem Thema gemacht, wenn auch noch nicht alle Herausforderungen gelöst sind – vor allem im Geschäftsfeld Zerspanung. Aber die Krise hat uns gezeigt, dass Homeoffice im Bereich Consulting und bei den Handelsprodukten gut umsetzbar ist!

Alexander Glöckler

So gelingt Führung auf Distanz

Wie Führungskräfte das Zwischenmenschliche
in digitalen Zeiten im Blick behalten

Über die Autoren

Anna Stempel-Romano, Marco Romano

Anna Stempel-Romano und Marco Romano begleiten mit ihrer Unternehmensberatung Kaleidoskop - Coaching & Potentialentwickung kleine und mittelständische Unternehmen dabei, Kompetenzen aufzubauen und Strategien zu entwickeln, damit Herausforderungen im Geschäftsleben erfolgreich gemeistert werden können. Besonders wichtig ist ihnen bei der Begleitung von Unternehmern und Führungskräften, den Faktor Mensch bewusst in den Blick zu nehmen und zu einem Erfolgsfaktor des Unternehmens zu machen.

[Kontaktdaten]

Anna Stempel-Romano und Marco Romano
Kaleidoskop - Coaching & Potentialentwicklung
Schwarzwaldstraße 24 | 79238 Ehrenkirchen | T 07633/92 95 889
team@kaleidoskop-freiburg.de | www.kaleidoskop-freiburg.de

Führung auf Distanz

Das Zwischenmenschliche im Digitalen

Dank der Digitalisierung ist es heutzutage ohne Probleme möglich, Mitarbeiter zu beschäftigen, die nicht in einem Gebäude sitzen, ja nicht einmal in einem Land. Egal, wo auf der Welt sich die Mitarbeiter aufhalten, ein bisschen technisches Equipment sowie eine Internetverbindung reichen theoretisch aus, um für ein Unternehmen und in einem Team zu arbeiten.

Was jedoch von Unternehmern und Führungskräften häufig unterschätzt wird, sind die zwischenmenschlichen Aspekte von Teamarbeit (und damit einhergehend Führung), denn diese müssen durch die Distanz ganz neu gedacht und gestaltet werden. Das bedeutet, dass Führungshandeln, das bisher als „normal" und „alltäglich" angesehen wird, umstrukturiert und anders ausgefüllt werden muss.

Was und wie können Sie als Unternehmer oder als Führungskraft dazu beitragen, dass die so wichtige zwischenmenschliche Ebene bei dezentral arbeitenden Teams nicht zu kurz kommt? Und was hat das mit dem Erfolg Ihres Teams zu tun? Diese und weitere wichtige Fragen der erfolgreichen Unternehmens- und Teamführung werden wir Ihnen in diesem Artikel gerne beantworten.

Menschen sind soziale Wesen

Menschen sind darauf angewiesen, im Kontakt mit anderen zu stehen. Und auch darauf, wahrgenommen und gesehen zu werden. Die Gefahr im Homeoffice ist, dass dieses Grundbedürfnis zu kurz kommt – dadurch, dass die Sichtbarkeit des Einzelnen verringert und dadurch, dass die Kommunikation auf wenige Kanäle reduziert wird. Dies wirkt sich direkt auf die Mitarbeiter aus – und damit indirekt auf das Unternehmen.

Denn Mitarbeiter, die sich unwohl, weil nicht zugehörig und gesehen fühlen, erbringen über kurz oder lang schlechtere Leistungen und kommunizieren weniger effizient. Außerdem sind sie in der Regel weniger motiviert, außergewöhnliche Leistung zu erbringen als solche, die sich mit dem Team und dem Unternehmen (und das bedeutet in vielen Fällen in erster Linie mit der direkt vorgesetzten Führungskraft) identifizieren, die sich wohl und vor allem wahrgenommen und wertgeschätzt fühlen.

Veränderte Bedingungen erfordern ein verändertes Verhalten

Dezentral arbeitende Menschen agieren unter anderen Bedingungen als Menschen in der Präsenzarbeit. Beispielsweise verändert sich die Kommunikation: Die schnelle Verständigung zwischen Tür und Angel wird erschwert, E-Mails, Chats, Telefongespräche und Videocalls gewinnen an Bedeutung. Bei allen technischen Möglichkeiten stehen Ihnen und Ihrem Team bei der digitalen Kommunikation aber immer nur ein Teil der möglichen Kommunikationskanäle zur Verfügung. Leise Zwischentöne werden weniger gut transportiert und das Zwischenmenschliche droht auf der Strecke zu bleiben. Das betrifft insbesondere die Wahrnehmung von Stimmungen und Bedürfnissen des Gegenübers. Beides sind wichtige Faktoren, wenn es um das „aneinander andocken" bei der Zusammenarbeit im Team oder bei der Führung von Mitarbeitern geht. Ein weiterer durch dezentrales Arbeiten deutlich veränderter Faktor ist die Wahrnehmung der Mitarbeiter untereinander. Wer wann mit der Arbeit beginnt, Pause macht oder in den Feierabend geht, ist bei Präsenzarbeit jederzeit erlebbar. Das vermittelt das Gefühl von Zugehörigkeit. Im dezentralen Büro, in dem jeder Mitarbeiter alleine vor seinem Rechner sitzt, verändert sich diese Bedingung. Das Wir-Gefühl muss auf anderen Wegen hergestellt werden.

Entscheidend ist, dass Dinge, die bei der Präsenzarbeit normal sind oder wie von selbst funktionieren, bei dezentraler Führung ganz bewusst beibehalten, gezielt verändert oder völlig neu gedacht werden müssen. Hier sind Sie als Führungskraft gefragt, den Mitarbeitern klare Strukturen vorzugeben und vorzuleben und ihnen

> Die leisen Zwischentöne bleiben mitunter auf der Strecke

gleichzeitig den Freiraum zu geben, den sie brauchen, um sich optimal einbringen zu können. Es lohnt sich – sowohl für Sie als Führungskraft als auch für Ihre Mitarbeiter –, neue Verhaltensweisen auszuprobieren und zu etablieren. Die Performance der einzelnen Mitarbeiter, aber auch das Ergebnis der Teamarbeit, kann dann auf einem hohen Niveau gehalten werden.

Dezentrale Führung findet dabei, ebenso wie Präsenzführung, sowohl im Kontext der Mitarbeiterführung im Eins zu Eins als auch in der Führung des gesamten Teams statt. Beiden Bereichen gehen wir in diesem Beitrag nach.

Die dezentrale Führung einzelner Mitarbeiter

Die Führung von Mitarbeitern erfordert schon bei der Präsenzarbeit die Fähigkeit, verschiedene Menschen und ihre Bedürfnisse wahrzunehmen und situativ angepasst auf sie einzugehen. Dabei gilt es, das Unternehmen, das Team und die gemeinsamen Ziele nicht aus dem Blick zu verlieren. Als Führungskraft sind Sie das Bindeglied zwischen Mitarbeitern und Unternehmen und damit unter anderem dafür verantwortlich, dass Mitarbeiter sich gesehen und wahrgenommen fühlen, dass sie auch kritische Rückmeldungen so erhalten, dass sie gut mit ihnen umgehen können und dass neue Mitarbeiter gut in das bestehende Team integriert werden. Werden Mitarbeiter dezentral geführt, bleiben diese Erfordernisse selbstverständlich bestehen. Nur ihre Umsetzung ist mitunter erschwert, als Führungskraft braucht man dann Kreativität und neue Wege, um die nötige Nähe zum einzelnen Mitarbeiter aufrechtzuerhalten.

> Die Bedürfnisse ändern sich nicht – aber die Art der Kommunikation

Im Folgenden haben wir exemplarisch einige Herausforderungen zusammengestellt, die Ihnen begegnen können, wenn Ihr Team dezentral arbeitet. Dazu finden Sie außerdem mögliche Lösungsansätze sowie konkrete Vorgehensweisen.

1. Herausforderung: Mitarbeiter wahrnehmen

Mitarbeiter im Homeoffice haben schneller das Gefühl, nicht gesehen zu werden. Ohne direkte persönliche Anbindung an Kollegen und Vorgesetzte entsteht leicht ein Gefühl der sozialen Isolation. Das Grundbedürfnis des Menschen nach einem Gegenüber, das sich für einen interessiert, wird in dieser Situation weniger befriedigt als es bei Präsenzarbeit der Fall ist.

Als Führungskraft ist es Ihre Aufgabe, dafür zu sorgen, dass Ihre Mitarbeiter sich gesehen – und damit wertgeschätzt fühlen.

Mögliche Lösung

Seien Sie ehrlich interessiert!

Eine entscheidende Möglichkeit als Führungskraft dazu beizutragen, dass Ihre Mitarbeiter sich wohlfühlen und sich als logische Schlussfolgerung auch für Sie als Führungskraft und damit für das Unternehmen engagieren, ist Ihr Interesse an ihnen.

Nun ist aber niemandem geholfen, wenn Sie als Führungskraft – einfach, weil es in einem Buch steht oder weil „man das so macht" – Interesse an Ihren Mitarbeitern zeigen, dieses aber nicht ernst meinen.

Ehrliches Interesse bedeutet nicht nur, nachzufragen, wie es einem Mitarbeiter geht. Vielmehr als die Frage ist das anschließende Zuhören dafür ausschlaggebend, ob bei Ihrem Gegenüber das Gefühl entsteht, dass Sie sich wirklich für ihn und seine Befindlichkeit interessieren, oder ob Sie eben einfach nur nachgefragt haben, um eine – vielleicht sogar unangenehme – Pflicht zu erfüllen.

Gute Nachricht: Das so wichtige interessierte Zuhören lässt sich selbstverständlich auch digital verwirklichen!

Konkretes Vorgehen

Der geeignete Moment!

Nutzen Sie für Ihre interessierte Nachfrage einen Moment, in dem

Sie die Ruhe und auch tatsächlich die Zeit haben, sich der Antwort des Mitarbeiters mit ganzer Aufmerksamkeit zu widmen. Der Raum für interessiertes Nachfragen ist daher eher im Eins zu Eins und weniger in einer Teamsitzung zu finden.

Die richtige Frage!

Fragen Sie nicht einfach: Wie geht es Ihnen? Die wahrscheinlichste Antwort auf diese Frage wird ein einfaches und knappes „Gut" sein. Mit dieser Antwort ist aber weder Ihnen noch Ihrem Mitarbeiter wirklich geholfen. Erkundigen Sie sich stattdessen möglichst konkret nach dem, was Sie tatsächlich interessiert und gehen Sie dabei durchaus auch – immer im angemessenen Rahmen natürlich – auf die persönliche Situation des jeweiligen Mitarbeiters ein. Stellen Sie dabei möglichst offene Fragen, die nicht einfach mit „Ja", „Nein", „Gut" oder „Schlecht" beantwortet werden können. Solche Fragen können zum Beispiel sein: Was läuft bei Ihnen gerade besonders gut? Welche Herausforderungen haben Sie gerade? Welche Lösungsideen haben Sie dazu?

Aktiv Zuhören!

Richten Sie Ihre volle Aufmerksamkeit auf das, was der Mitarbeiter sagt. Das hört sich vielleicht logisch und einfach an, ist in der Realität aber etwas, was eher selten passiert. Und Ihr Mitarbeiter wird es merken! Beschäftigen Sie sich nicht nebenher mit anderen Dingen, wenden Sie sich dem Mitarbeiter zu, suchen Sie nach Möglichkeit immer wieder den Blickkontakt, gehen Sie eher nah an die Kamera heran, um ein Gefühl der Nähe herzustellen, fragen Sie gegebenenfalls nach.

Rückmeldung geben!

Manchmal ist es wichtig, dass Sie das, was Ihr Mitarbeiter Ihnen geantwortet hat, nicht einfach so stehen lassen, sondern dass Sie situativ angepasst Rückmeldung geben. Das kann zum einen bedeuten, dem Mitarbeiter zu signalisieren, dass Sie ihn und seine Bedürfnisse und Themen wahrgenommen haben und dass er ihr Verständnis oder auch ihr Mitgefühl hat. Zum anderen können Sie hier bei Bedarf und nach Möglichkeit auch konkrete Unterstützung anbieten.

Hinweis

Achten Sie bei all dem immer darauf, dass Sie sich selbst wohlfühlen und die Vorschläge Ihnen und Ihrer Persönlichkeit entsprechen. Dann treten Sie authentisch und glaubwürdig auf. Gespieltes oder geheucheltes Interesse ist in der Regel schädlicher als gar kein Interesse.

2. Herausforderung: Kritikgespräche führen

Auch dezentral arbeitende Mitarbeiter machen Fehler. Als Führungskraft sind Sie unter anderem dafür verantwortlich, nah an Ihren Mitarbeitern dran zu sein und bei Bedarf auch Kritik zu üben. In der digitalen Kommunikation sind Missverständnisse leider programmiert, denn die Möglichkeiten, nonverbale Anteile der Kommunikation wahrzunehmen oder sogar die Option zum Nachfragen, fehlen.

Mögliche Lösung

Führen Sie ein persönliches Gespräch! Am besten eignet sich immer noch ein Gespräch unter vier Augen, um kritisches Feedback zu äußern. Wenn dieses räumlich nicht möglich oder mit zu großem Aufwand verbunden ist, empfiehlt sich zumindest ein Videocall.

Konkretes Vorgehen

Zeitnah agieren!

Auch beim digital geführten Kritikgespräch gilt es, möglichst wenig Zeit zwischen dem zu kritisierenden Vorfall und dem Gespräch verstreichen zu lassen. Gleichzeitig ist es wichtig, dass Sie das Gespräch nicht führen, wenn Sie selbst (noch) emotional und betroffen sind.

Termin vereinbaren!

Kritisieren Sie nicht mal eben zwischendurch, sondern nehmen Sie sich die Zeit, einen Termin zu vereinbaren. Nur so können Sie sicherstellen, ungestört zu sein und Sie gewährleisten, dass auch der Mitarbeiter die nötige Zeit mitbringt.

Ziel des Gespräches klären!

Dieser Schritt ist in erster Linie für Sie selbst als Vorbereitung für das Gespräch entscheidend. Aber auch im Gespräch selbst sollten Sie sicherstellen, dass der Mitarbeiter im Bezug auf das Ziel des Gespräches an Bord geholt wird.

Kritik klar benennen!

Bringen Sie Ihre Kritik klar und sachlich auf den Punkt. Seien Sie dabei so konkret wie möglich und benennen Sie im Idealfall auch das gewünschte Verhalten oder Ergebnis. Oft haben Führungskräfte im Kritikgespräch die Tendenz, um den heißen Brei herum zu reden und das, was zu sagen ist, aufzuweichen. Damit wird es für unser Gegenüber aber weniger greifbar.

Unterstützungsangebote formulieren!

Achten Sie darauf, dass Sie nicht nur klar sagen, was schiefgelaufen ist, sondern dass Sie, gemeinsam mit dem Mitarbeiter, den Blick auch darauf richten, was er braucht, um in Zukunft besser gerüstet zu sein. Die Lösung des Problems sollte im Vordergrund stehen. Der Mitarbeiter erlebt so, dass Sie daran interessiert sind, mit ihm gemeinsam daran zu arbeiten, dass die Situation sich verbessert.

Hinweis

Idealerweise bauen Sie regelmäßige Feedback-Schleifen in die Arbeit mit Ihren Mitarbeitern ein. Achten Sie darauf, vorrangig wertschätzendes und unterstützendes Feedback zu geben. Mitarbeiter, die sich als Mensch wertgeschätzt fühlen und erleben, dass ihre Führungskraft ihnen viel positives Feedback gibt, sind in der Regel eher bereit, auch kritisches Feedback sachlich aufzunehmen und Korrekturen in ihrem Arbeitsverhalten vorzunehmen.

3. Herausforderung: Onboarding

Auch dezentral agierende Teams verändern sich. Mitarbeiter verlassen das Unternehmen, neue Angestellte kommen hinzu.
Der Prozess des Onboardings läuft in der Präsenzarbeit zumindest in Teilen eher nebenher. Das neue Teammitglied sitzt mit erfahrenen Kollegen im gleichen Büro, kann unkompliziert nachfragen und tragfähige Arbeitsbeziehungen aufbauen. Unternehmens- und Teamkultur werden durch das tägliche Erleben im Miteinander nach und nach verinnerlicht und oft irgendwann wie von selbst gelebt.

Bei dezentral geführten Teams sitzt das neue Teammitglied allein vor dem PC. Für fachliche Fragen oder Unklarheit bei Prozessen kann zum Telefon oder zu anderen Kommunikationsmitteln gegriffen werden. Dabei besteht zwar das Risiko, dass auf die Antworten länger gewartet werden muss, als dies bei Präsenz der Fall wäre, jedoch wird das neue Teammitglied in der Regel Antworten auf seine fachlichen Fragen bekommen.
Schwieriger wird das Onboarding in Bezug auf die „weichen" Faktoren wie Team- und Unternehmenskultur sowie Beziehungsaufbau. Hier sind Sie als Führungskraft besonders gefragt, denn es gilt, die sonst oft implizit vorhandenen Strukturen explizit und damit mitteilbar und lernbar zu machen.

Mögliche Lösung

Integrieren und etablieren Sie ein teaminternes Mentoring-Programm! Stellen Sie Mitarbeitern, die neu eingearbeitet werden
• ein klar strukturiertes Einarbeitungsvorgehen zur Verfügung
• und setzen Sie einen persönlichen Mentor ein.
So stellen Sie am ehesten sicher, dass beim Onboarding alle entscheidenden fachlichen und prozessbezogenen Inhalte vermittelt werden. Gleichzeitig hat der neue Mitarbeiter einen persönlichen Ansprechpartner, der ihm Einblick in halb- und inoffizielle Strukturen gibt und ihn in die Kultur von Team und Unternehmen einführt.

Konkretes Vorgehen

Wichtiges Wissen identifizieren und aufbereiten!

Machen Sie sich zunächst klar, welches Wissen (implizit und explizit) für neue Mitarbeiter erforderlich ist und stellen Sie dieses Wissen in geeigneter Form zusammen. Das kann zum Beispiel im Rahmen eines Workbooks oder einer Webinarreihe passieren. Achten Sie dabei darauf, dass zeitlicher und inhaltlicher Ablauf klar strukturiert sind.

Mentoren auswählen!

Prüfen Sie, welche Mitarbeiter für die Rolle als Mentor gut in Frage kommen. Achten Sie dabei sowohl auf Fachlichkeit als auch auf kommunikative Fähigkeiten. Sprechen Sie die ausgewählten Mitarbeiter an und klären Sie insbesondere die Bereitschaft und Motivation für die Übernahme dieser Aufgabe.

Mentoren schulen!

Stellen Sie in jedem Fall sicher, dass die eingesetzten Mentoren Klarheit darüber haben, welches Wissen sie weitergeben und welche Kultur sie vorleben sollen. Geben Sie den Mentoren auch das nötige Know-how an die Hand, damit sie den neuen Mitarbeiter bestmöglich unterstützen können.

Mentoring-Programm begleiten!

Bleiben Sie sowohl mit dem Mentor als auch mit dem neuen Mitarbeiter in regelmäßigem Austausch. So bekommen Sie mit, wenn es Schwierigkeiten gibt und Sie können das Programm zeitnah anpassen.

Hinweis

Die Einführung eines Mentoring-Programms zur Integration neuer Mitarbeiter erfordert im ersten Schritt einiges an Arbeit. Diese zu investieren zahlt sich aber auf Dauer aus, denn einmal fertig gestellt, spart das Programm bei jeder weiteren Einarbeitung Zeit und Nerven.

Die dezentrale Führung eines gesamten Teams

Die Zusammenarbeit im Team lebt vom Austausch untereinander. Dieser findet bei der Präsenzarbeit in der Regel zwischendurch und oft sogar unbewusst statt. Anders bei dezentral geführten Teams. Hier müssen die entsprechenden Situationen zum Austausch untereinander bewusst hergestellt werden.

Als Führungskraft haben Sie daher die Aufgabe, den Zusammenhalt des Teams zu gewährleisten, Meetings zielgerichtet und effizient zu moderieren und die Arbeitsergebnisse aller Teammitglieder zusammenzuführen und wertzuschätzen. Auf den folgenden Seiten finden Sie eine Auswahl von Herausforderungen, denen Sie sich bei der Führung von dezentralen Teams gegenübersehen können. Und wie bereits im Abschnitt Mitarbeiterführung schlagen wir Ihnen natürlich zu jeder Herausforderung einen passenden Lösungsansatz sowie ein konkretes Vorgehen für den Sonderbereich des Homeoffice vor.

1. Herausforderung: Meetings moderieren

Meetings gehören zum Teamalltag dazu. Bei Arbeiten im Homeoffice verlagern sich diese, zumindest teilweise, unweigerlich ins Virtuelle. Technisch stellt das kein Problem dar und worauf Sie bei der technisch-räumlichen Umsetzung achten sollten, können Sie im Beitrag von Volker Rozek „Erst das ‚wozu' – dann das ‚wie'" nachlesen. Dennoch begegnen Ihnen vermutlich bei der Moderation von Online-Meetings ganz neue Herausforderungen.

Neben der Moderation des Gesprächs muss auch die technische Seite betreut werden und gerade in großen Teams kann es schwierig werden, alle Mitarbeiter gut im Blick zu behalten und jeden zu Wort kommen zu lassen.

Zwei Herausforderungen bewältigen: Moderation und Technik

Mögliche Lösung

Etablieren Sie klare Regeln und Meeting-Strukturen!
Machen Sie sich die Moderation virtueller Meetings so einfach wie
möglich, indem Sie Aufgaben (wie zum Beispiel die technische Seite
des Meetings) delegieren und nach klaren Strukturen und Regeln
vorgehen. Das hat für Sie selbst den Vorteil, dass Sie sich besser
auf die Inhalte und das Wesentliche konzentrieren können und Ihre
Mitarbeiter wissen, was sie im Meeting erwartet.

Konkretes Vorgehen

Regelwerk erstellen!
Online-Meetings brauchen Regeln. Teilweise lassen sich diese aus
den Regeln für Offline-Meetings ableiten, teilweise benötigt man
neue Ansätze. Es kann hilfreich sein für diesen Schritt mit Ihrem
Team zusammenzuarbeiten und gemeinsam das für sie alle pas-
sende Regelpaket aufzustellen.

Klare Rollen im Meeting verteilen!
Die Moderation eines Online-Meetings findet auf mehreren Ebenen
statt. Häufig ist es sogar so, dass verschiedene Kommunikations-
stränge, zum Beispiel Videocall und Chat, parallel ablaufen und entsprechend parallel moderiert werden müssen. Für Sie als Führungskraft kann es hilfreich sein, einzelne Aufgaben abzugeben. So macht
es beispielsweise Sinn, einen Mitarbeiter zum Chatbeauftragten zu
machen und einen anderen als technischen Support einzusetzen.

Ablauf strukturieren und einhalten!
Der gut strukturierte Ablauf von Meetings erleichtert Ihnen und auch
Ihren Mitarbeitern die Arbeit. Das gilt zwar auch für Offline-Meetings, trifft jedoch auf Online-Meetings noch stärker zu. Wenn ein
Mitarbeiter genau weiß, an welcher Stelle im Meeting er mit seinen
Anliegen zu Wort kommen kann, dann reduziert sich die Unsicher-
heit und damit einhergehend die Unruhe. Sowohl Ihre Konzentration
als auch die der Mitarbeiter bleibt so stärker bei den Inhalten, die
gerade besprochen werden. Ein weiterer Vorteil: Sie müssen nicht vor
jedem Meeting neu überlegen, was wann an der Reihe ist.

Hinweis

Lassen Sie in Meetings immer etwas zeitlichen und organisatorischen Spielraum für Ungeplantes aber auch für inoffizielle Gespräche „am Rande". Eine Möglichkeit ist es, mehrere Kleingruppen zu Beginn des Meetings für einige Minuten in separate virtuelle Räume einzuladen. Sie ermöglichen so etwas, was bei realen Meetings sowieso stattfindet: Die Mitarbeiter haben die Option, sich auf zwischenmenschlicher Ebene kurz auszutauschen.

2. Herausforderung: Teamgefühl stärken

Durch die Arbeit im Homeoffice kann schnell das Gefühl der Zugehörigkeit – zu einem Team aber auch zu einem Unternehmen – verloren gehen. Ursache dafür ist, dass der Kontakt häufig auf den fachlichen Austausch beschränkt wird. Gemeinsame Pausen, kurze Nebengespräche oder auch so einfache Dinge wie die Begrüßung am Morgen und der Abschied am Abend fehlen – beziehungsweise müssen ganz bewusst hergestellt werden.
In einer solchen Situation ist der direkte Vorgesetzte der „heiße Draht" zum Unternehmen und damit letztlich auch dafür verantwortlich, dem Mitarbeiter ein Gefühl der Zugehörigkeit zu ermöglichen.

Mögliche Lösung

Schaffen Sie Raum für inoffiziellen Austausch!
Etablieren Sie wiederkehrende Abläufe oder Rituale, an denen die Mitarbeiter teilnehmen können und die ein Gemeinschaftsgefühl erzeugen.
Setzen Sie dazu ruhig mehrere unterschiedliche Impulse im Verlauf des Tages oder der Woche. So kann jeder Mitarbeiter sich dort einklinken, wo es für ihn am besten passt.

Konkretes Vorgehen

Der gemeinsame Start in den Arbeitstag!

Das kann zum Beispiel ein kurzer Online-Call morgens bei Arbeitsbeginn sein. Dieser muss kein konkretes Ziel verfolgen. Allein eine kurze, persönliche Begrüßung, gekoppelt mit einer Frage nach dem persönlichen Befinden oder nach den Zielen des heutigen Arbeitstages kann hier schon ausreichen, um das Gefühl zu vermitteln: „Sie sind nicht allein."

Die virtuelle Kaffeepause!

Eine virtuelle Kaffeepause bietet ganz bewusst den Raum für den nicht-fachlichen Austausch. In lockerer Pausenatmosphäre entstehen zwischenmenschliche Kontakte und ganz „nebenbei" können außerdem entscheidende Kleinigkeiten für das erfolgreiche und vor allem vernetzte Weiterarbeiten geklärt werden.

Der Feierabend!

Ähnlich wie der gemeinsame Start in den Tag kann auch der gemeinsame Feierabend oder zumindest das Gefühl, mitzubekommen, wann welcher Kollege sich in den Feierabend verabschiedet, dabei helfen, sich dem Team und dem Unternehmen verbunden zu fühlen. Je nach Teamgröße kann es allerdings schwierig werden, wenn sich jeder einzelne Mitarbeiter per Chat, Anruf oder Mail verabschiedet. In einem solchen Fall können Sie als Führungskraft wiederum als Bindeglied fungieren und zu einer festen Uhrzeit, kurz vor Feierabend, entweder eine virtuelle Runde drehen und bei jedem Mitarbeiter „vorbeischauen" oder, wie morgens, einen kurzen Online-Call einrichten, der es allen ermöglicht, sich nochmal zu treffen, um anschließend entweder noch eine Weile weiterzuarbeiten oder sich eben in den Feierabend zu verabschieden.

Ergänzend kann es auch hilfreich sein, zu einem „virtuellen Feierabendbier" einzuladen. In diesem ungezwungenen Rahmen kann, ähnlich wie in der gemeinsamen Pause, neben dem persönlichen Kontakt und dem damit verbundenen Teamgefühl auch der inoffizielle fachliche Austausch stattfinden, der ein Team letztlich erfolgreich macht.

Hinweis

Nicht bei allen diesen Aktivitäten müssen Sie als Führungskraft selbst anwesend sein. Manchmal kann es sogar nützlich sein, wenn Sie den Raum für Ihr Team öffnen und sich dann wieder verabschieden – ein solcher Austausch findet in der Präsenzarbeit regelmäßig und oft unbewusst statt.

Im digitalen Büro ist es für Ihre Mitarbeiter aber hilfreich, wenn Sie die Strukturen schaffen und den Rahmen vorgeben.

Entscheidend ist, dass Sie als Führungskraft von allem, was Sie Ihrem Team anbieten, überzeugt sind. Die Teilnahme darf für die Mitarbeiter nicht verpflichtend sein, gleichwohl ist es hilfreich, wenn die kurzen Veranstaltungen eine Art Sogwirkung entfalten und Mitarbeiter bewusst entscheiden, dabei sein zu wollen!

3. Herausforderung: Teamergebnisse zusammenführen

Das Ergebnis von Teamarbeit ist in der Regel größer als die Summe der einzelnen Arbeitsbeiträge. Das bedeutet aber auch, dass diese Beiträge zu diesem „Mehr" zusammengefügt werden. Arbeitet ein Team virtuell zusammen, müssen insbesondere die Schnittstellen im Arbeitsprozess aber auch die Zusammenführung von Arbeitsergebnissen in den Blick genommen werden, damit die Ergebnisse qualitativ genauso hochwertig sind, wie bei Teams in Präsenzarbeit.

Mögliche Lösung

Kontrolle ist gut, Vertrauen ist besser!

Schaffen Sie einen klaren Rahmen, in dem sich die Mitarbeiter bewegen können und in dem Sie gleichzeitig selbst das Gefühl haben, genügend Kontrolle über den Verlauf des Projektes zu haben. Geben Sie ansonsten den Mitarbeitern ausreichend Vertrauensvorschuss, so dass diese selbstbestimmt an ihren jeweiligen Teilzielen arbeiten und zum Erfolg des gesamten Ergebnisses beitragen können.

Konkretes Vorgehen

Klare Ziele vereinbaren!

Definieren Sie genau, wer was bis wann erledigt hat und machen Sie diese Einzelziele gegenüber dem Team transparent. Wenn Mitarbeiter wissen, dass ihre Arbeit elementarer Bestandteil des Teamerfolges ist, steigt die Motivation. Das Wissen um die Zusammenhänge der einzelnen Arbeitsschritte ermöglicht außerdem den gezielten Austausch zwischen den Teammitgliedern, die in ihrer Arbeit aufeinander angewiesen sind.

Fördern Sie die Eigenverantwortung!

Trauen Sie Ihren Mitarbeitern etwas zu. Wenn Sie eine Aufgabe delegieren, dann kommunizieren Sie klar, dass damit auch die Verantwortung für das Erledigen der Aufgabe an den Mitarbeiter übergeht und er selbst dafür zuständig ist, diese Aufgabe bestmöglich zu erledigen und bei Bedarf um Unterstützung zu bitten. Achten Sie hier insbesondere darauf, dass Sie nicht der Versuchung erliegen, ständig alles kontrollieren zu wollen. Denn das Gefühl, kontrolliert zu werden, untergräbt letztlich die Übernahme von Verantwortung.

Bilden Sie Powerteams!

In herausfordernden Situationen arbeitet es sich oft leichter, wenn man das Gefühl hat, nicht allein zu sein. Die Möglichkeit, andere ohne großen Aufwand um Hilfe bitten zu können und sich gegenseitig zu motivieren, ist hilfreich. Gerade in großen Teams empfiehlt es sich, kleinere Powerteams zu bilden oder sich finden zu lassen. Die Aufgabe dieser Teams ist, gemeinsam am Erfolg jedes einzelnen Mitarbeiters zu arbeiten, sich regelmäßig in kurzen Calls auszutauschen, gegebenenfalls Fragen zu beantworten oder Etappenziele zu definieren und zu feiern. So steigt die Motivation der einzelnen und damit auch die Effizienz. Gleichzeitig schaffen die Powerteams eine Form von sozialer Kontrolle, wie sie im Präsenzbüro ebenfalls existiert.

Abgeschlossene Projekte und Teamergebnisse feiern!

Erfolg motiviert. Ebenso das Abschließen eines gemeinsamen Projektes. Nutzen Sie die Chance, die endgültige Zusammenführung von einzelnen Arbeitsergebnissen zu würdigen. Je nach Projektgröße können hier die verschiedensten Formate passend sein: Vom gemeinsamen Meeting, bei dem Sie die gelungene Zusammenarbeit und die Leistung der einzelnen konkret benennen, über den gemeinsamen Umtrunk bis hin zum Online-Teamevent.

Hinweis

Die soziale Kontrolle fehlt im dezentralen Team. Mitzubekommen, dass andere Teammitglieder gerade engagiert an ihren Aufgaben arbeiten, fördert aber die eigene Motivation und hilft dabei, sich selbst fokussiert um die eigenen Tätigkeiten zu kümmern und auch mal ein Tief zu überwinden. Ihre Aufgabe als Führungskraft ist es, Mechanismen zu etablieren, durch die die soziale Kontrolle wieder zum Einsatz kommt. Welches Vorgehen Sie dabei wählen, bleibt natürlich Ihnen selbst überlassen.

Zusammenfassung

Mitarbeiter und Teams dezentral zu führen, bringt altbekannte, aber auch völlig neue Herausforderungen mit sich. Als Führungskraft sind Sie mit Ihrer ganzen Persönlichkeit und auch mit Ihrer Flexibilität und Kreativität gefragt, wenn es darum geht, adäquate Lösungen zu finden. Entscheidend ist aus unserer Perspektive dabei, dass Sie Ihren eigenen Weg finden, mit den veränderten Voraussetzungen authentisch und souverän umzugehen.

Als Führungskraft haben Sie immer auch eine Vorbildfunktion inne. Diese kommt insbesondere dann zum Tragen, wenn Sie die entscheidende Verbindung Ihres Teams zum Unternehmen sind. Dies ist zum Beispiel dann der Fall, wenn Ihr Team dezentral arbeitet.

Vorbild für ein dezentral geführtes Team zu sein, bedeutet aber nicht unbedingt, immer alles gut finden zu müssen, was die Technik leistet (oder eben auch nicht leistet).

Vorbild zu sein bedeutet vielmehr, die eigene Menschlichkeit durchscheinen zu lassen, auch mit den eigenen Unzulänglichkeiten offen umzugehen, Herausforderungen beim Namen zu nennen und somit vorzuleben, dass nicht immer alles „eitel Sonnenschein" sein muss, um gute Arbeit mit exzellenten Ergebnissen zu erzielen.

Wenn es Ihnen gelingt, auf diese Art und Weise auch bei dezentraler Führung für Ihre Mitarbeiter im doppelten Sinne greifbar zu sein – zum einen als „Mensch" im Sinne von erkennbar durch Ihr authentisches Auftreten, zum anderen als „Führungskraft" im Sinne von erreichbar und ansprechbar – dann sind Sie auf dem besten Weg, auch die Herausforderungen dezentraler Führung entspannt und souverän zu bewältigen. Wir wünschen Ihnen viel Erfolg und Spaß bei dieser spannenden Aufgabe!

[Ganz persönlich]

Unsere Erfahrung mit dem Homeoffice

Wir arbeiten schon lange im Homeoffice, aber als Unternehmens-berater und Coaches für Führungskräfte und Unternehmer kommt es eher selten vor, dass wir beide gemeinsam in unserem Büro sind. Denn in der Regel ist mindestens einer von uns gerade beim Kunden vor Ort. Eigentlich wurden wir in diese Situation erst durch den Shut-Down während der Corona-Zeit versetzt. Plötzlich muss-ten wir dann beide aus dem Homeoffice heraus unsere Termine über Videocalls abhalten. Das stellte uns insbesondere deshalb vor Herausforderungen, weil wir nur über einen Büroraum verfügen – und normalerweise reicht dieser ja auch aus. Also mussten kreative Lösungen her, etwa der Umzug in die Küche, wenn parallel Online-Coachings stattfanden.

Anna Stempel-Romano und Marco Romano

Survivalstrategien für den Sitzalltag

Fit, gesund und motiviert –
im Homeoffice zahlt sich das dreifach aus

Über die Autorin

Brigitte Kälin

Brigitte Kälin ist Heilpraktikerin für Schmerz- und Bewegungstherapie. Ihre Mission ist es, Menschen mit Arthrose, Rückenschmerzen und anderen Schmerzen des Bewegungsapparates ein schmerzfreies Leben zu ermöglichen. Zu ihrer ganzheitlichen Schmerztherapie gehören auch die Ernährungsmedizin sowie die Umweltmedizin inkl. Stoffwechselanalyse. In ihrer Praxis bietet sie Behandlungen mit einem individuellen Schmerzfrei-Übungsprogramm an, darüber hinaus schult sie Gruppen in den von ihr konzipierten Schmerzfrei-Kursen. Unternehmen und Führungskräften bzw. deren Mitarbeitern bietet sie spezielle Online-Kurse an.

[Kontaktdaten]

Brigitte Kälin
Schmerzfrei-Praxis Kälin
Prinz-Eugen-Straße 20 | 79102 Freiburg | T 0176/56 71 52 03
info@schmerzfrei-praxis-kaelin.de | www.schmerzfrei-praxis-kaelin.de

Survivalstrategien für den Sitzalltag

Fit, gesund und motiviert – im Homeoffice zahlt sich das dreifach aus

„Haben Sie Schmerzen?"
„Haben Sie Rückenschmerzen?"
„Haben Sie Arthrose?"
 – „Oder sind Sie schmerzfrei?"

Diese Fragen stelle ich regelmäßig in meinen Gesundheits-Vorträgen. Auf die ersten drei Fragen antworten die meisten Teilnehmer mit „Ja" – auf die letzte Frage leider nur selten. Wie lauten die Antworten bei Ihnen persönlich? Und was meinen Sie, was die Mitarbeiter Ihres Unternehmens oder die Ihres Teams darauf antworten würden?

Was ist eine der Ursachen für die zu beobachtende Zunahme von Erkrankungen des Bewegungsapparates, für die vielen Hüft- und Knie-Operationen, die unzähligen Bandscheibenvorfälle aber auch für die Zunahme von Gefäßerkrankungen, von Herz-Kreislauf-Problemen, Fettleibigkeit und Diabetes?

Wir sitzen und sitzen und sitzen. Beim Frühstücken, beim Autofahren, während der Arbeit, beim Fernsehschauen, wenn wir ins Kino oder ins Konzert gehen. Und wenn wir seitlich mit angewinkelten Beinen schlafen, dann nehmen wir selbst im Bett eine „Sitzposition" ein.

Die „Sitzkrankheit" greift wie eine Epidemie um sich. Evolutionär gesehen sind wir bewegungsfreudige Naturmenschen, eine genetische Anpassung an den „Homo Sitzus" – oder im Rahmen dieses Buches – an den „Homo Homeoffice" konnte so schnell noch nicht stattfinden.

Für Unternehmer und Führungskräfte bedeutet dies ein hohes Krankheitsrisiko für sich selbst – und für die eigenen Mitarbeiter. Und wenn Mitarbeiter krank sind, dann leidet das Unternehmen. Dieser Artikel ist also im doppelten Sinne wertvoll: Für Sie selbst als Unternehmer oder Führungskraft – und für Ihre Mitarbeiter! Wenn Sie Bewegung im Betrieb implementieren, stärkt dies das „Immunsystem" Ihres Betriebes und macht das Unternehmen widerstandsfähiger und belastbarer – auch in Krisenzeiten. Leider sind wir Menschen ja eher faul – und wir sind Gewohnheitstiere. Wenn wir eigene Verhaltensweisen oder die unserer Mitarbeiter wirklich ändern wollen, dann brauchen wir ein starkes „Warum?" Warum sollten wir unsere Sitzgewohnheiten ändern, wenn doch alle Welt sitzt?

Machen wir eine kleine Reise in die Körperphysiologie. Denn wenn wir verstehen, wie unser Körper funktioniert und was im Körper beim Sitzen passiert, können wir etwas in unserem Alltag verändern und neue Gewohnheiten etablieren. Das kann der Ansporn sein, Bewegung kreativ in den Alltag zu integrieren.

Im Homeoffice ist es besonders einfach, Neues zu implementieren: Hier sieht uns keiner! Und hier können wir alles in Ruhe ausprobieren und den besten Weg für uns selbst finden.

Nach dem „Warum" folgt gleich das „Wie": In diesem Artikel erhalten Sie wertvolle Tipps und Hinweise, die Sie und Ihre Mitarbeiter im Homeoffice gesund und beweglich halten.

Was passiert mit unseren Gelenken beim Sitzen?

Oft hört man den Satz: „Sitzen ist das moderne Rauchen". Wieso ist das so?

Unsere Gelenke und Bandscheiben sind, im Gegensatz zu den Organen, nicht an den Blutkreislauf angeschlossen. Das heißt in den Gelenken haben wir weder arterielles Blut, das für die Nährstoff- und Sauerstoffversorgung zuständig ist, noch haben wir dort venöses Blut, das für den Abtransport von Stoffwechselendprodukten sowie von Kohlendioxid sorgt. Nehmen wir an, durch Ihre Knie würden Blutgefäße laufen und Sie hüpften von einer Mauer – die Blutgefäße würden platzen. Das wäre eine echte Fehlkonstruktion der Natur. Wie können also Gelenke und Bandscheiben mit Nährstoffen und Sauerstoff versorgt werden und wie können Abfallstoffe abtransportiert werden? Hier setzt der sogenannte Schwammeffekt ein. Stellen Sie sich einen Schwamm vor, der mit dreckigem Wasser vollgesogen ist. Nun drücken Sie den Schwamm in einem wässrigen Milieu zusammen und lassen los. Was passiert? Das dreckige Wasser wird herausgequetscht und frisches Wasser fließt nach.

Gelenkknorpel und Bandscheiben sind so ein Schwamm. Diese werden durch den Wechsel zwischen Druck und Zug, also durch Be- und Entlastung, ernährt. Erst die Bewegung sorgt für den notwendigen Stoffwechsel in unseren Gelenken! Wir können uns noch so gesund ernähren und vor gefüllten Tellern sitzen, doch unsere Gelenke verhungern, wenn wir den Stoffwechsel in ihnen nicht über Bewegung ankurbeln und ihn am Laufen halten.

Welche Bewegung aber brauchen Gelenke, so dass sie gut ernährt werden? Sie benötigen regelmäßige Bewegungsimpulse und zwar in alle von der Natur aus vorgesehenen Richtungen und Winkel. Gönnen Sie Ihren Gelenken regelmäßig eine Reise in den Norden, den Süden, den Osten und den Westen. Nutzen Sie den maximalen Bewegungswinkel – das ist der beste Weg, um ein dauerhaft schmerzfreies Leben zu führen.

So geht's besser

Im Artikel „So gelingt Führung auf Distanz" von Marco Romano und Anna Stempel-Romano haben Sie erfahren, dass es gerade im Homeoffice besonders wichtig ist, ehrliches Interesse an Ihrem Team beziehungsweise Ihren Mitarbeitern zu zeigen. Fragen Sie bei einem Videocall doch einfach mal nach, welche „Art Nahrung" die Gelenke Ihrer Mitarbeiter schon erhalten haben. Noch gar keine, wenn keine Bewegung stattfand? Oder ausreichend bis viel, weil beispielsweise ein Mittagsspaziergang gemacht wurde?

Spätestens alle 30 Minuten sollten wir unbedingt aufstehen. Wie man daran denkt? Einfach die Alarmfunktion des Handys aktivieren. Auch das kann ein einfacher, aber wirkungsvoller Tipp für Ihr Team sein!

Beim Videocall können Sie Ihre Mitarbeiter beispielsweise auffordern, sich hinzustellen (dazu muss natürlich das Equipment passen). Oder machen Sie eine Dehnübung für die verspannte Nackenmuskulatur vor. Oder lassen Sie die Teilnehmer im Meeting die Muskel-Waden-Pumpe in den Beinen in Gang bringen (Seite 94). Oder machen Sie einfach mal abwechselnd einen Rundrücken und ein Hohlkreuz. Das ist alles ganz einfach – aber wirkungsvoll!

Besonders effektiv, um den Kreislauf in Schwung zu bringen und um den Kopf wieder frei zu bekommen, sind vier bis fünf Minuten Seilspringen. Der Vorteil: Im Homeoffice kann man die Jogginghose einfach anbehalten.

Was passiert mit den Faszien beim Sitzen?

Faszien sind ein feinmaschiges bindegewebsartiges Geflecht, das im Körper Muskeln, Organe und Nerven umhüllt. Ähnlich wie eine Schutzfolie. Stellen Sie sich eine Orange vor: Sie ist von einer feinen weißen Schutzhülle umgeben, die sich in immer zartere Häute gliedert.

Neuere Forschungen belegen, dass Faszien über mehr Schmerzrezeptoren und sensible Nervenendigungen verfügen als Muskeln, deshalb sind Faszien maßgeblich am Schmerzgeschehen beteiligt.

Faszien reagieren sehr dynamisch auf unsere Gewohnheiten. Faszien bauen sich um, wenn wir sie gebrauchen oder eben nicht. Wenn wir zum Beispiel bei der Schreibtischarbeit in einer einseitigen Sitzposition vor dem Computer verharren und unsere Gelenke ständig in einer angewinkelten Position halten, dann verkleben die Faszien der Muskeln, die die Gelenke umhüllen. Diese werden dann in dieser Dauerposition immer mehr gefangen beziehungsweise fixiert. Irgendwann wird es schwer werden, mit diesen Gelenken wieder den maximalen Bewegungsradius auszuführen. Unflexible Muskeln können darüber hinaus einen vermehrten Druck in Gelenken erzeugen.

Stellen Sie sich vor, Sie sind im Besitz einer alten Scheune und sie öffnen die Eingangstür in einem Winkel von 45 Grad. Sie fahren für einen Monat in den Urlaub und vergessen die Tür zu schließen. Wenn Sie zurückkommen und die Tür schließen oder ganz öffnen wollen, dann ist das nur schwer möglich. Der Regen hat Erde hochgespült, Laub ist von den Bäumen gefallen und blockiert die Scharniere, das Holz hat sich verzogen. Ähnlich geht es Ihren Gelenken – ohne Bewegung.

Aber es gibt noch weitere Aspekte, die dazu führen, dass sich Faszien zusammenziehen. Dazu gehören eine zu „saure" Ernährung, Wassermangel, Stress sowie Elektrosmog.

Verklebte Faszien können aber nicht nur für eine überhöhte Spannung in Gelenken (und damit für Schmerzen) sorgen, sondern sie können auch Blutbahnen und Nerven abklemmen. Das äußert sich dann möglicherweise in einem Kribbeln in den Gliedmaßen.

So geht's besser: Faszien-Massagen

Gehen Sie regelmäßig zu einem Profi (Heilpraktiker oder Schmerztherapeuten) und gönnen Sie sich eine fasziale Triggerpunkt-Massage. Dadurch lösen Sie verklebte Strukturen, Sauerstoff kommt wieder ins Bindegewebe und Schmerzen lassen nach. Nach der richtigen Anleitung können Sie eine Faszienroll-Massage bei sich selbst durchführen. Das geht im Büro genauso wie zu Hause im Homeoffice! Wenn Sie Ihren Mitarbeitern etwas Gutes tun wollen, dann verschenken Sie doch statt der nächsten Flasche Wein einfach einmal einen Gutschein für eine fasziale Triggerpunkt-Behandlung oder eine individuelle Selbsthilfeanleitung mit Faszielbällen und -rollen.

So geht's noch besser: Ausreichend trinken

Die meisten Menschen trinken zu wenig und/oder sie trinken das Falsche. Wenn wir zu wenig trinken, dann sammeln sich Säuren und Umwelttoxine im Bindegewebe an. Chronischer Flüssigkeitsmangel lässt die Faszien vertrocknen, das Gewebe verliert an Gleitfähigkeit. Und wenn die Knorpelmasse dehydriert, wirkt sie nicht mehr stoßdämpfend.
Jeden Tag sollten wir mindestens zwei Liter stilles und reines Wasser trinken. Kohlensäurehaltige Getränke sollten vermieden werden. Tee oder Kaffee kommen zu diesen zwei Litern noch hinzu!
Geben Sie Ihren Mitarbeitern im Homeoffice hierzu einfach diesen Tipp: gleich morgens zwei Liter Wasser an einem Ort bereitstellen, den man gut im Blick hat. So wird man ständig daran erinnert, zu trinken.

Was passiert mit den Muskeln beim Sitzen?

Da Sie beim Lesen dieses Buches vermutlich Platz genommen haben und da Sie nicht nur diesen, sondern auch die anderen interessanten Artikel gelesen haben beziehungsweise gerade lesen, sitzen Sie jetzt schon etwas länger. Stehen Sie doch bitte einmal auf.

Was spüren Sie? Wo ist Ihr Gesäß? Wo Ihre Lendenwirbelsäule? Was macht der Kopf?

Vielleicht spüren Sie, wie Ihr Gesäß in einer Art Entenhaltung nach hinten gezogen wird und wie Ihre Lendenwirbelsäule Sie ins Hohlkreuz zieht. Als Ausgleich für diese Fehlhaltung antwortet Ihre Brustwirbelsäule mit einem verstärkten Rundrücken, woraufhin die Schultern nach vorne fallen. Diese Haltung wiederum zieht Ihren Kopf in die sogenannte Geierkopfhaltung und Ihr Kinn zeigt nach oben.

Kommen wir auf die Entenhaltung zurück. Wenn Sie diese wahrnehmen, dann sind Sie mit der Kraft des Hüftbeugers in Kontakt gekommen. Ich gratuliere Ihnen, denn dies ist ein wichtiger Muskel, wenn es um Ihre Rückengesundheit geht. Der Hüftbeuger setzt am inneren Oberschenkel an und verbindet den Oberschenkel mit der Lendenwirbelsäule und der unteren Brustwirbelsäule. Der Hüftbeuger hat im Stehen eine ausbalancierte Länge, im Sitzen dagegen, wenn Oberkörper und Oberschenkel in einem Winkel von 90 Grad abgewinkelt sind, verkürzt sich dieser und zieht uns ins Hohlkreuz. Das merken wir vor allem, wenn wir aufstehen und nicht mehr richtig nach oben kommen. Aufgrund der zu großen muskulären und faszialen Zugspannung der Lendenwirbelsäule nach vorne, kann dies die Ursache von Rückenschmerzen sein.

Nun ein weiterer Test – dieses Mal ist Ihre Wadenmuskulatur an der Reihe: Stellen Sie Ihre Füße parallel nebeneinander auf und gehen Sie in die Hocke. Können Ihre Fersen dabei auf dem Boden bleiben? Kommen Sie mit dem Gesäß zu den Fersen? Falls das klappt, haben Sie gut gedehnte Waden sowie eine bewegliche Hüfte. Gratulation!

Falls die Fersen allerdings nach oben gehen und Sie sich mit der Hüfte nicht ganz auf diesen absetzen können, sollte Ihnen das zu denken geben. Dies ist ein eindeutiges Alarmzeichen für verkürzte Waden und „festgesessene" Gesäßmuskeln.

Die Wadenmuskulatur setzt oberhalb der Achillessehne an und ist oberhalb des Knies am unteren Oberschenkel aufgehängt. Beim Sitzen verkürzt sich diese Struktur, daraufhin entsteht ein zu starker Druck im Kniegelenk. Das kann zu Knieschmerzen und Kniegelenksproblemen führen. Auch der Gesäßmuskel verkürzt und verklebt bei zu vielem Sitzen. Da der Gesäßmuskel mit der Rückenfaszie verwoben ist, spielt der Gesäßmuskel bei Schmerzen im unteren Rücken stets eine wichtige Rolle.

Eine weitere Körperstruktur möchte ich Ihnen nicht vorenthalten: Die Schulter-Nacken-Partie. Mit dieser hat fast jeder Mensch Probleme, der zu viel sitzt. Wenn die Schultern nach vorne fallen und der Kopf in der besagten Geierkopfhaltung verharrt, dann müssen die Muskeln des Schulterdaches sehr viel Arbeit leisten. Legen Sie einfach mal die rechte Hand auf das linke Schulterdach und tasten Sie. Ist es dort hart? Nein, das sind keine Knochen, das sind verhärtete Muskeln.

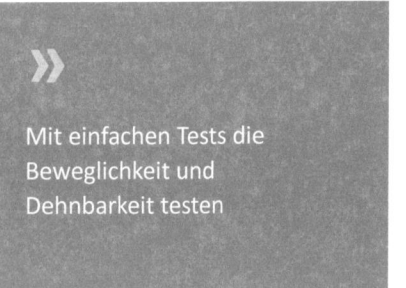

Mit einfachen Tests die Beweglichkeit und Dehnbarkeit testen

Die gute Nachricht: Muskeln können in jedem Alter sowohl gekräftigt als auch gedehnt werden. Man muss es nur tun!

So geht's besser:
Jeden Tag 15 Minuten Mobilitäts- und Dehnpausen

Dehnung des Bauchmuskels und Mobilisierung des unteren Rückens

Gehen Sie in den Vierfüßlerstand und versuchen Sie mit Ihren Leisten Richtung Boden zu kommen. Halten Sie die Dehnung für zwei bis drei Minuten. Danach machen Sie einen Rundrücken im Katzenbuckel.

Dehnung des Rückens und der Beinmuskulatur

Setzen Sie sich auf den Boden und bringen Sie die Fußsohlen zusammen, so dass Oberschenkel und Unterschenkel in einem Winkel von 90 Grad sind. Umgreifen Sie mit der linken Hand die Füße und mit der rechten Hand den Hinterkopf. Versuchen Sie nun, sich mit den Händen nach vorne und unten zu ziehen. Bleiben Sie zwei bis drei Minuten in der Dehnung.

Dehnung der Schulter-Nackenmuskulatur

Setzen Sie sich aufrecht hin und ziehen Sie Ihren Oberkörper nach links. Dann strecken Sie den rechten Arm im 45 Grad Winkel vom Körper weg und versuchen die Fingerspitzen Richtung Boden zu bringen. Umgreifen Sie mit der linken Hand das rechte Ohr, machen Sie ein leichtes Doppelkinn und versuchen Sie den Kopf mit der Hand in Richtung linke Schulter zu ziehen. Gleichzeitig ziehen Sie die rechte Schulter nach unten. Dehnung zwei bis drei Minuten halten, dann die Seite wechseln.

Dehnung des Gesäßmuskels

Legen Sie Ihr rechtes Bein in einem Winkel von 90 Grad vor Ihren Körper und schwingen Sie das linke Bein nach hinten. Nun ziehen Sie die rechte Leiste weiter nach vorne und versuchen mit gestrecktem Oberkörper etwas weiter nach vorne zu kommen. Dehnung zwei bis drei Minuten halten, dann Seitenwechsel.

So geht's noch besser: Körperhaltung wahrnehmen und gleich korrigieren

Beobachten Sie so oft wie möglich Ihre Körperhaltung. Lümmeln Sie gerade nach vorne gekrümmt auf Ihrem Bürostuhl? Mit rundem Rücken, Kamelbauch oder Geierkopfhaltung? Sind Ihre Schultern nach vorne gebeugt, die Brustmuskeln eingefallen sowie Ihre Bauch- und Gesäßmuskeln schlaff?
Haben Sie sich selbst wahrgenommen? Gratulation! Die Wahrnehmung ist die erste Voraussetzung für Veränderungen.
Setzen Sie sich nun aufrecht hin. Nehmen Sie die Sitzbeinhöcker wahr, auf denen Sie sitzen und lassen Sie die Schulterblätter entspannt nach unten sinken. Ihr Kopf schwebt locker auf der Halswirbelsäule. Schon haben Sie eine ausbalancierte Sitzhaltung.
Noch einen Schritt weiter können Sie gehen, wenn Sie sich zwei weiche Bälle besorgen. Legen Sie jeweils einen Ball unter jeden Gesäßmuskel. Jetzt sind Sie unwillkürlich in Bewegung. Wenn Sie wollen, können Sie auf den Bällen auch ein bisschen nach vorne oder hinten wandern: Dazu heben Sie die eine Gesäßhälfte und bewegen diese nach vorne oder hinten. Dann folgt die andere Seite.

Warum leidet die Mikrozirkulation beim Sitzen?

Gewebe und Organe können nur dann ausreichend mit wichtigen Nährstoffen und Sauerstoff versorgt und von Stoffwechselendprodukten sowie Gasen (CO_2) befreit werden, wenn sie bis in die allerkleinsten Gefäße gut durchblutet sind. Das arterielle und venöse Gefäßsystem ist sozusagen die Autobahn unseres Blutkreislaufes. Das fein verästelte Kapillarsystem sind die kleinen Seitenstraßen, hier findet der eigentliche Nähr- und Sauerstoffaustausch im Gewebe und in den Organen statt.
Die großen Arterien und Venen werden durch die Kraft beziehungsweise durch den Motor unserer Herzpumpe versorgt. In den Seitenstraßen sinkt der Blutdruck, das heißt dieses Gebiet kann kaum durch den Motor des Herzens erreicht werden.
Befindet sich unser Körper dauerhaft in einer Sitzposition, führt dies zu einer Minderversorgung des Gewebes mit Sauerstoff.

Wenn Sie keine Luft mehr bekommen, fangen Sie zu schreien an, oder? Genau das tun auch Ihre Zellen, wenn diese nicht ausreichend Sauerstoff erhalten. Sie reagieren mit Schmerzen. Für jede Zelle ist Sauerstoff das Lebenselixier der Energiegewinnung – die sogenannte Zellatmung. Überlegen Sie mal, wie lange Sie ohne Sauerstoff überleben können? Bevor Ihre Zellen irreversibel geschädigt werden, machen sie sich durch einen schmerzhaften Aufschrei nochmals richtig bemerkbar.

Ohne Sauerstoff kommt es zu einer Stoffwechselstörung im Muskelgewebe. Säure sammelt sich an und das kann wiederum der beste Nährboden für Krankheitserreger sein. Entzündungsprozesse können die Folge sein.

Da ist er, der Teufelskreis: Aufgrund der Schmerzen wollen Sie sich möglicherweise gar nicht mehr bewegen und Sie nehmen eine Schonhaltung ein – was weitere Probleme verursacht.
Auch unsere Venen brauchen die Unterstützung der Muskeln für den Abtransport der Stoffwechselendprodukte. Wenn der venöse Rückfluss gestört ist, sammelt sich das sauerstoffarme und verbrauchte Blut in den Beinen an und es kann zu Ödembildungen kommen.

So geht's besser: Aktivierung der Muskel-Waden-Pumpe

Bei der Arbeit am Schreibtisch können Sie die Muskel-Waden-Pumpe aktivieren, indem Sie Fersen abwechselnd hochziehen und wieder absenken. Schon nach wenigen Minuten werden Sie merken, dass sich Ihre Beine „leichter" anfühlen.

Was kostet das Sitzen?

Arbeitsmediziner haben das Sitzen schon lange im Visier und so ist gesichert, dass dieses mit einer Vielzahl von gesundheitlichen Bedenken in Verbindung gebracht werden kann. Hierzu zählen Fettleibigkeit, erhöhter Blutdruck, hoher Blutzucker, überschüssiges Körperfett um die Taille und abnormer Cholesterinspiegel. All diese Symptome machen das metabolische Syndrom aus.

Längere Sitzzeiten scheinen auch das Risiko eines Todes durch Herz-Kreislauf-Erkrankungen und Krebs zu erhöhen.[45] Aber auch bei orthopädischen Erkrankungen des Bewegungsapparats hinterlässt das Sitzen Spuren. Jährlich erleiden rund 180.000 Menschen einen Bandscheibenvorfall. Rund 70.000 bis 80.000 werden deswegen operiert.[46] Im Jahr 2018 gab es 190.427 Knieoperationen[47], 239.204 künstliche Hüftgelenke wurden eingesetzt[48]. 46.207 Menschen starben an einem Herzinfarkt[49], rund sechs Millionen Menschen leiden an Diabetes[50]. Die genannten Erkrankungen entstehen meist durch das Zusammenspiel verschiedener Faktoren – das Sitzen ist deshalb nicht der einzige, aber ein wesentlicher davon.

Eine Analyse von 13 Studien zum Aktivitätsniveau und zur Sitzzeit ergab, dass diejenigen, die ohne körperliche Aktivität mehr als acht Stunden am Tag saßen, ein ähnliches Sterberisiko aufweisen, wie Raucher. Dabei wurde aber – nach der Analyse der Daten von mehr als einer Million Menschen – auch herausgefunden, dass schon 60 bis 75 Minuten mäßig intensiver körperlicher Aktivität pro Tag den Auswirkungen von zu viel Sitzen entgegenwirken konnten.[51] Das ist doch eine gute Nachricht!
Laut Experten belaufen sich die Krankheitskosten durchschnittlich auf zwei bis 20 Prozent der Personalkosten. Bei einem Arbeitsausfall rechnet man pro Mitarbeiter jährlich mit 1.199 Euro Kosten, bei Päsentismus (das bedeutet, dass der Mitarbeiter krank zur Arbeit kommt, aber weniger Leistung erbringt) mit 2.399 Euro.[52]

[45] https://www.mayoclinic.org/healthy-lifestyle/adult-health/expert-answers/sitting/faq-20058005 (zuletzt geprüft am 20.7.2020)
[46] https://www.tagesspiegel.de/berlin/bandscheibenvorfall-zahlen-fakten-hilfe/971658.html (zuletzt geprüft am 20.7.2020)
[47] https://de.statista.com/statistik/daten/studie/785126/umfrage/implantationen-kuenstlicher-kniegelenke-in-deutschen-krankenhaeusern-nach-alter/ (zuletzt geprüft am 20.7.2020)
[48] https://de.statista.com/statistik/daten/studie/785143/umfrage/implantationen-kuenstlicher-hueftgelenke-in-deutschen-krankenhaeusern-nach-alter/ (zuletzt geprüft am 20.7.2020)
[49] https://www.destatis.de/DE/Themen/Gesellschaft-Umwelt/Gesundheit/Todesursachen/Tabellen/sterbefaelle-herz-kreislauf-erkrankungen-insgesamt.html (zuletzt geprüft am 20.7.2020)
[50] https://www.diabetesde.org/system/files/documents/gesundheitsbericht_2018.pdf (zuletzt geprüft am 3.7.2020)
[51] https://www.mayoclinic.org/healthy-lifestyle/adult-health/expert-answers/sitting/faq-20058005 (zuletzt geprüft am 3.7.2020)
[52] Booz & Company im Auftrag Felix Burda Stiftung; https://www.transparent-beraten.de/betriebliches-gesundheitsmanagement/ (zuletzt geprüft am 3.7.2020)

Als Unternehmer wissen Sie, dass vorausschauendes Planen alles ist. Vorausschauend heißt im Gesundheitsbereich, entsprechende Präventionsmaßnahmen einzuführen. Von heute auf morgen ändert sich nichts, aber langfristig sind Sie der Gewinner! Sowohl auf der menschlichen als auch auf der wirtschaftlichen Ebene.

Mit einem guten Präventionsprogramm bleiben nicht nur Sie selbst, sondern auch Ihre Mitarbeiter gesund. Und ganz nebenbei verändert sich das Betriebsklima, nach dem Motto „Hier wird etwas für uns getan!" Das bindet Mitarbeiter – in Zeiten von Fachkräftemangel ein hohes betriebswirtschaftliches Gut.

Wenn Sie als Unternehmer durch gezielte Präventionsmaßnahmen in Ihrem Unternehmen dafür Sorge tragen, die Erkrankungen Ihrer Mitarbeiter zu minimieren, dann haben Sie das Blatt menschlicher Schicksale gewendet. Denn hinter jedem Mitarbeiter steckt ein Mensch, der wiederum in einem familiären Kontext eingebunden ist. Angenommen, Sie könnten Ihrem Mitarbeiter eine Bandscheibenoperation oder eine Hüftoperation ersparen, oder Sie könnten eine Arbeitsunfähigkeit oder sogar eine Frühverrentung vermeiden – welche Vorteile hätte das für Ihr Unternehmen und für den Mitarbeiter? Gesunde Mitarbeiter sind die beste Voraussetzung für zufriedene Mitarbeiter.

Zusammenfassung

Die weltweite „Sitz-Epidemie" führt nicht nur zu orthopädischen Erkrankungen wie Rückenschmerzen oder Schulter-Nacken-Verspannungen, sondern beeinträchtigt auch wichtige Stoffwechselprozesse. Deshalb ist es so wichtig, den Büroalltag so zu gestalten, dass Fehlhaltungen ausgeglichen, Gelenke maximal mobilisiert, verklebte Faszien gelöst und der Stoffwechsel in Gang gebracht werden.
Wer das Homeoffice schmerzfrei überleben will, braucht Survivalstrategien für den Sitzalltag. Zu diesen Strategien gehört vor allem: regelmäßige Bewegung. Zwischendurch und während des Arbeitstages – wie hier beschrieben – oder noch besser im Rahmen eines betrieblichen Gesundheitsprogrammes.
Das Immunsystem Ihrer Mitarbeiter ist das Immunsystem Ihres Unternehmens!

[Ganz persönlich]

Meine Erfahrung mit dem Homeoffice

Einmal in der Woche habe ich meinen Bürotag. Am Ende des Tages, wenn ich sehr viel gesessen bin, erinnert mich mein eigener Körper oft an die Schmerzgeschichten meiner Patienten. Es geht den Therapeuten eben nicht anders als den Patienten.

Schnell wurde mir klar, dass ich etwas ändern muss, wenn ich nicht meine eigene beste Kundin werden möchte. Also stellte ich mir die Frage, wie ich mein Bewegungsprogramm im Alltag am besten unterbringe. So wird mein Stuhl schon mal zum Fitnessgerät und aus dem Büroalltag ein Fitnessprogramm. Wenn sich dann auch bei mir der „Faszienkater" meldet, habe ich alles richtig gemacht.

Brigitte Kälin

Weiterführendes Quellen- und Literaturverzeichnis

Zum Artikel von Alexander Glöckler

Berufsgenossenschaft Holz und Metall, Information 102
Deutsche Gesetzliche Unfallversicherung (DGUV), Grundsatz 1
DGUV, Information 215-410
Fischinger, Philipp S.: Arbeitsrecht. Heidelberg. 2018.
Gercke, Björn; Kraft, Oliver; Richter, Marcus: Arbeitsstrafrecht: Strafrechtliche Risiken und Risikomanagement. 2. Auflage. Heidelberg. 2015.

Zum Artikel von Anna Stempel-Romano und Marco Romano

Schuster, Claudia: Führung virtueller Teams. Besonderheiten und Erfolgsfaktoren. 2011.
Wünsche, Janet: Home-Office und Führung. Herausforderungen für die Führungskräfte von morgen. 2019.
https://www.bpm.de/meldungen/fuehren-aus-dem-home-office-was-sie-beachten-sollten-1943015798
(zuletzt geprüft am 5.6.2020)
https://www.haufe-akademie.de/blog/themen/fuehrung-und-leadership/fuehrung-aus-dem-homeoffice-funktioniert-6-tipps/
(zuletzt geprüft am 5.6.2020)
https://t3n.de/news/fuehren-im-homeoffice-chefs-fehler-1275736/
(zuletzt geprüft am 5.6.2020)

Bildnachweise

Titel, Set: © Elsner // graphik-pool
Titel, Portrait Sven Wiesrecker: © Lichtblick Fotografie NK // Nadine Kreuz
Titel, Portrait Alexander Glöckler: © Elsner // graphik-pool
Titel, Portrait Brigitte Kälin: © Jan-Arne-Gewert
S. 31, Portrait: © Fabian Berg // Fabian Berg Photography
S. 33, Portrait: © Lichtblick Fotografie NK // Nadine Kreuz
S. 45, Portrait: © Lichtblick Fotografie NK // Nadine Kreuz
S. 47, Portrait: © Elsner // graphik-pool
S. 53, Portrait: © Elsner // graphik-pool
S. 61, Portrait: © Elsner // graphik-pool
S. 63, Portrait: © Marcin Ladecki
S. 81, Portrait: © Wolfgang Armbruster
S. 83, Portrait: © Jan-Arne-Gewert
S. 91, Anleitungen: © Jörg Muhl Fotodesign
S. 92, Anleitungen: © Jörg Muhl Fotodesign
S. 97, Portrait: © Alex Jung
S. 98, Portrait: © Alex Jung
S. 99, Portrait: © Alex Jung

www.erfolgsmodell-homeoffice.de